Christian R. Schmidt

Theaterprojekte praktisch anleiten

Teilziele und ihre Zusammenhänge bei der Erarbeitung eines Theaterstückes mit nichtprofessionellen Schauspielern

Über den Autor

Christian R. Schmidt ist Dipl. Kulturwissenschaftler (Theater und Musik) und Theaterpädagoge BuT®. Als Theaterpädagoge arbeitet er freiberuflich und an verschiedenen Theatern. Am Theaterpädagogischen Zentrum Dresden bildet er junge Theaterpädagogen aus.

Christian R. Schmidt

Theaterprojekte praktisch anleiten

Teilziele und ihre Zusammenhänge bei der Erarbeitung eines Theaterstückes mit nichtprofessionellen Schauspielern

Ein Beitrag zur theaterpädagogischen Didaktik

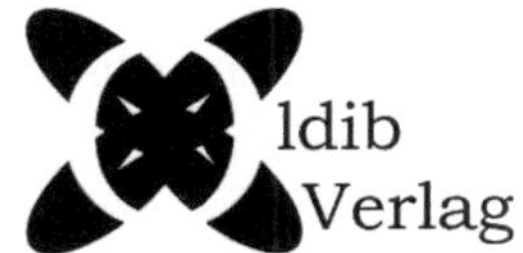

Bibliografische Information der Deutschen Nationalbibliothek
Die Deutsche Nationalbibliothek verzeichnet diese
Publikation in der Deutschen Nationalbibliografie;
detaillierte bibliografische Daten sind im Internet
über http://dnb.ddb.de abrufbar.

www.oldib-verlag.de
Oldib Verlag
Waldeck 14
45133 Essen
info@oldib-verlag.de
Lektorat: Moritz Siegel
Herstellung: BoD, Norderstedt

ISBN 978-3-939556-51-0

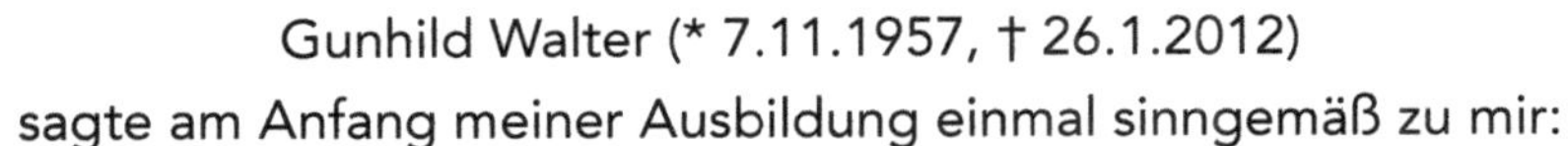

Gunhild Walter (* 7.11.1957, † 26.1.2012)
sagte am Anfang meiner Ausbildung einmal sinngemäß zu mir:

»Mit jeder Übung, die ein Theaterpädagoge einsetzt, verfolgt er ein bestimmtes Ziel.«

Ich möchte ihr dieses Buch widmen.

Über das Buch

Vision
Menschen treffen sich und fassen schnell Vertrauen zueinander. Sie beginnen, sich auszutauschen: über Dinge, die sie wirklich bewegen; Dinge, über die sie weder auf Arbeit noch bei Partys, ja nicht einmal in der Familie reden würden. Und: Sie tauschen nicht nur Meinungen aus. Nicht nur das, was sie sagen, ist wichtig, sondern vor allem das, was sie tun. Jeder bringt sich mit Kopf, Herz und Hand ein: mit seinen Gedanken und auch körperlich, mit seinen Gefühlen und seinem Verhalten, mit seinen Wünschen und seinem Charakter. Sie verfolgen ein gemeinsames Ziel: Sie arbeiten an einer Äußerung, einem Ausdruck, den sie anderen Menschen schenken wollen, einem verdichteten Stück der Auseinandersetzung mit ihren Erfahrungen. Auf dem Weg dahin lösen sie viele Probleme, sie tauschen sich aus, müssen sich einigen, müssen sich ausdrücken, argumentieren und sich entscheiden. Sie versuchen, jeweils die beste Lösung zu finden. Darüber hinaus lernen sie ihren eigenen Körper (nicht als Fortbewegungsmittel, Krankheitsträger oder Sexobjekt, nicht als Sportmaschine, Verdauungsorgan oder unperfektes Äußeres, sondern) als ein Sinnesorgan und ein Ausdrucksmittel kennen. Die Einteilung in schön und hässlich gilt nicht mehr. Jeder hat mit seiner Qualität seinen Platz. Und am Ende steht ein Fest: ein Fest, an dem viele beteiligt sind; ein Fest der Ernsthaftigkeit und des Lachens, des Nachdenkens und des Überschwanges. Am Ende steht der Applaus.
Und? – Wie stellen Sie sich das gute Leben vor?

Was können Sie in diesem Buch finden?

Dieses Buch versucht, eine Antwort auf die Frage zu geben: Was ist erforderlich, um mit nichtprofessionellen Spielern ein Theaterstück zu erarbeiten?

Um diese Frage zu beantworten, wurde Literatur von Theatermachern (Augusto Boal[1], Keith Johnstone[2], Martin Luserke[3], Jürgen Weintz[4], »Lebendiges Schultheater«[5], Konstantin S. Stanislawskij[9] und andere) ausgewertet und hunderte von theaterpädagogischen Übungen wurden analysiert. Außerdem sind Ergebnisse des Seminars »Theaterpädagogisch denken« mit Studierenden der Sozialpädagogik an der TU Dresden eingeflossen. Nicht zuletzt konnte der Autor seine Berufserfahrung als Theaterpädagoge einfließen lassen. Insbesondere soll hier der Aufbau des Theaterpädagogischen Zentrums Pirna genannt werden, in dem Kinder, Jugendliche und Erwachsene in mehreren Gruppen die Möglichkeit haben, Theater zu spielen. Als Ergebnis der Auswertung kristallisierten sich Teilziele und ihre Zusammenhänge heraus, die bei der Erarbeitung von Theaterstücken mit nichtprofessionellen Spielern immer wieder auftreten. Diese Teilziele – so die Hauptthese dieses Buches – erwachsen aus den Eigenschaften des Mediums Theater und sind deshalb für Theater typisch. Um die Teilziele zu ordnen, wurde nach der allgemeinen Struktur eines Theaterprojektes gefragt. Diese wurde wiederum aus den Eigenschaften des Mediums Theater abgeleitet.

Was ist Theater?

Fragt man »Was ist Theater?«, so könnte eine kurze Antwort lauten: Eine Gruppe »erzählt« einem Publikum eine »Geschichte«.

Für die Struktur von Theaterprojekten wird deshalb hier folgende Gliederung vorgeschlagen:

A. Eine Gruppe
B. »erzählt«
C. einem Publikum
D. eine »Geschichte«.

Da Theater eine Gruppenkunst ist, werden im Teil A Teilziele beschrieben, mit denen Grundlagen für die Gruppenarbeit gelegt werden. Im Teil B werden Teilziele beschrieben, die der Heranführung der Gruppe an das Medium Theater dienen: Die Spieler eignen sich die vielfältigen Möglichkeiten des »Erzählens« an, die das Medium Theater bietet. Das heißt, sie eignen sich Ausdrucksmittel des Theaters an. Im Teil C werden Teilziele beschrieben, die bearbeitet werden müssen, wenn für Publikum gespielt werden soll. Teil D beschreibt die Erarbeitung einer »Geschichte«, die mit den Möglichkeiten des Theaters erzählt wird – das heißt, die Erarbeitung eines Theaterstücks.

Zusammenfassung der Eingangsthesen dieses Buches:

- Da das Medium Theater spezifische Eigenschaften hat, ergeben sich in allen Theaterprojekten – unabhängig von der Zielgruppe und auch unabhängig von dem konkreten Projekt – bestimmte Teilziele immer wieder. Sie sind für Theaterprojekte typisch. Der Autor versucht, diese typischen Teilziele zu beschreiben.
- Diese Teilziele stehen untereinander in Zusammenhang. Anhand dieser Zusammenhänge wird hier versucht, die allgemeine Struktur von Theaterprojekten zu beschreiben.
- Um eine allgemeine Struktur von Theaterprojekten herauszuarbeiten, werden ausschließlich Ziele, aber keine Methoden beschrieben. Bei der Beschreibung der Ziele sind Beispielübungen angegeben (die Beschreibungen der Übungen finden sich im An-

hang). Diese dienen der Verdeutlichung des jeweiligen Zieles. Für die Umsetzung der Ziele müssen für jede Zielgruppe und jedes konkrete Projekt geeignete Methoden entwickelt werden. Bei einem konkreten Theaterprojekt können einzelne Teilziele entfallen, wenn die Teilnehmer bestimmte Voraussetzungen mitbringen oder diese Teilziele bereits in vorausgegangenen Theaterprojekten ausreichend bearbeitet wurden.

- Die Reihenfolge, in der die Teilziele beschrieben werden, wurde gewählt, um die allgemeine Struktur eines Theaterprojektes übersichtlich darzustellen. Die Reihenfolge, in welcher die Ziele angestrebt werden, hängt aber von der jeweiligen Gruppe und dem konkreten Projekt ab.
- Das Buch wurde so geschrieben, dass es von vorn nach hinten lesbar ist. Es ist aber auch geeignet, einzelne Teilziele nachzuschlagen: Es wird jeweils auf die anderen damit in Zusammenhang stehenden Teilziele verwiesen. Dadurch ist auch ein »netzartiges«, springendes Lesen (wie in einem Lexikon) möglich.
- Es werden hier diejenigen Teilziele beschrieben, die mit Methoden der Theaterpädagogik bearbeitet werden können.
- Das Buch will einen kompakten Überblick über die Teilziele eines Theaterprojektes geben. Dies soll Einsteigern ermöglichen, sich ein Methodenrepertoire zu erarbeiten. Fortgeschrittenen kann es dazu dienen, ihre eigene Arbeit zu reflektieren.
- Diese Darstellung erhebt keinen Anspruch auf Vollständigkeit. Es wird versucht, die wichtigsten Teilziele darzustellen. Der Autor ist dankbar für Hinweise auf Fehlendes.

Kontakt mit dem Autor: christian@theaterbrigade.de

Inhaltsverzeichnis

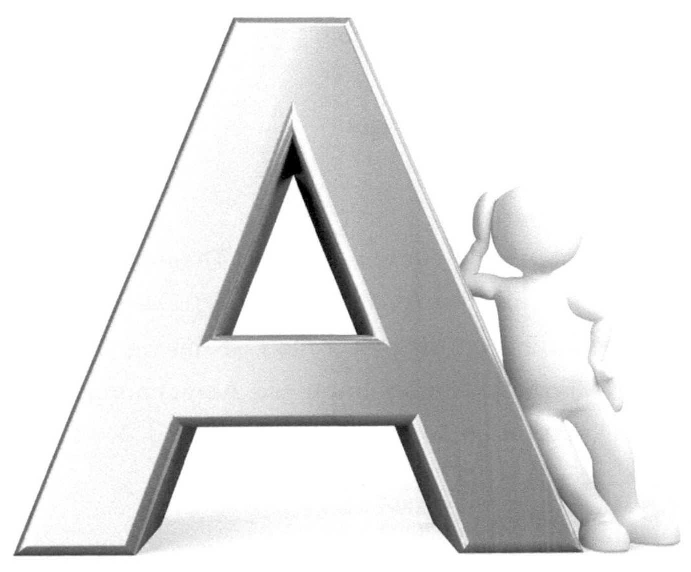

Die Gruppe

Theater ist ein kollektives Medium. Die Geschichte wird meist von einer Gruppe »erzählt«. Welche Grundlagen muss sich eine Gruppe erarbeiten, um Theater zu machen? – Die Gruppe braucht zunächst bestimmte Arbeitsbedingungen:

A.1 — Arbeitsbedingungen

A.1.1 — Mittelakquise

Um geeignete Bedingungen für das Theaterprojekt schaffen zu können, sind meist finanzielle Mittel nötig. Diese müssen oft beantragt werden. In den meisten Fällen ist mit der Beantragung eine detaillierte Projektplanung sowie die Abrechnung nach Abschluss des Projektes verbunden.

A.1.2 — Raum

Prinzipiell kann man überall proben oder spontan Theater spielen. Ein vorgefundener Raum – drinnen oder draußen – kann Inspiration sein (▸ Inhaltliches Thema, S. 84). Dennoch ist ein Probenraum aus verschiedenen Gründen günstig: Wer je im Freien geprobt oder ein Open-Air-Theaterstück aufgeführt hat, weiß, dass sich selbst erfahrene Spieler draußen schnell ablenken lassen. Man fühlt sich beobachtet oder ist gehemmt (▸ Angst abbauen, S. 22). Gerade für die Arbeit mit Kindern und Jugendlichen, bei denen die Konzentration schnell von einer Sache zur nächsten springt oder die das Theaterspielen gerade erst entdecken, ist ein geschlossener Raum günstiger, denn er lässt eine konzentriertere Arbeit zu. Der Probenraum sollte groß genug sein, damit sich jeder Spieler frei bewegen kann.

Um einen ungefähren Richtwert anzugeben: Jedem Spieler sollten mindestens etwa vier Quadratmeter zur Verfügung stehen. Um die Konzentration zu unterstützen sollte der Raum aber auch nicht zu groß, sondern möglichst der Spieleranzahl angemessen sein (▸ Konzentrationsfähigkeit, S. 27). Aus dem gleichen Grund sollte der Raum möglichst reizarm sein. »Empfehlenswert ist ein möglichst neutraler Raum ohne Mobiliar«, vermerkt die »Handreichung des Staatsinstitutes für Schulpädagogik und Bildungsforschung München«[5]. Gegenstände, die nicht gebraucht werden, sollten entfernt und Bilder sollten abgenommen werden. Dadurch fällt es leichter, die Aufmerksamkeit auf die Theaterarbeit zu lenken. Oft ist es sogar günstig, Stühle aus dem Raum zu entfernen, damit die Spieler sich noch einfacher von körperlichen Konventionen – wie dem Sitzen – lösen können (▸ Körperlichen Ausdruck erschließen und erweitern, S. 43). Jedes Ausstattungsteil sollte in der Regel erst dann in den Raum gebracht werden, wenn es gebraucht wird. Ideal ist es, in einem Nebenraum einen Fundus von oft verwendeten Kostümen (▸ Kostüme, S. 63) und Requisiten sowie einigen Stühlen und Tischen bereitzuhalten (▸ Requisiten, S. 47). Dieser Fundus sollte vom Probenraum abgetrennt sein. Besonders wichtig ist der Fußboden: Er sollte einen solchen Belag haben und so sauber sein, dass die Spieler sich hinlegen und sich am Boden bewegen können. Dadurch können die Spieler eine selbstverständliche Beziehung zum Boden aufbauen und sich erweiterte körperliche Ausdrucksmöglichkeiten erschließen (▸ S. 43). Ideal ist ein schwingender Boden, der eine gelenkschonende Bewegung ermöglicht.

A 1.3 — Zeiten und Rituale etablieren

Für die Theaterarbeit sollten gemeinsame Arbeitszeiten etabliert werden. Der Zeitumfang ist sehr projektabhängig, meist ist Theater aber zeitaufwendig (was ein Vorteil sein kann, schafft dies doch die Voraussetzung dafür, sich intensiv aufeinander einzulassen und tiefer in die gemeinsame Arbeit einzudringen). Ein kleines Theaterprojekt mit motivierten Spielern kann allerdings auch in wenigen Stunden zu einem befriedigenden Ergebnis führen. Theaterprojekte können sich aber auch über Monate erstrecken, weil man oft ein- oder maximal zweimal pro Woche probt. Wegen des großen Zeitbedarfs ist es vorteilhaft, eine regelmäßige Probenzeit zu etablieren, da dies Energie für eine wiederholte Termin- und Raumorganisation einspart. Es sollte aber – auch bei großzügiger Zeitplanung – möglichst zielgerichtet gearbeitet werden, um die Motivation zu erhalten (▸ Motivierung, S. 19). Auch der Probenablauf sollte durch Rituale einen wiederkehrenden und wiedererkennbaren Ablauf bekommen (▸ Trennung von Theater und Realität, S. 38).

A.2 — Grundlagen für die Gruppenarbeit

A.2.1 — Erster Kontakt, Regeln, Disziplin

Beim ersten Kontakt mit der Gruppe stellt man zunächst fest: Kann man beginnen, mit der Gruppe zu arbeiten? Ist die Gruppe ansprechbar? Wollen und können sich die Teilnehmer auf die Theaterarbeit einlassen? Eine weitere Frage gilt dem Umgang miteinander: Gewaltfreiheit und ein Mindestmaß an gegenseitigem Respekt müssen etabliert sein, damit Theaterarbeit gelingen kann. Ist dies nicht der Fall, können diese Voraussetzungen eventuell in Zusammenarbeit mit Sozialarbeitern oder Psychologen geschaffen werden. Ist ein Spieler für das Theaterspielen motiviert, dann ist er meist auch bereit, zugunsten einer produktiven Zusammenarbeit soziale Regeln zu akzeptieren.

A.2.2 — Motivierung

Das Spiel selbst, das Proben motiviert: »Der Mensch [...] hat eine unwiderstehliche Lust, sich im Spiel seiner Phantasie von einer Gestalt in die andere, von einem Schicksal ins andere, von einem Affekt in den anderen zu stürzen« (Max Reinhardt).
Eine starke Motivation in der Theaterarbeit wird dadurch erzeugt, dass Hindernisse aus dem Weg geräumt werden, die für das normale soziale Miteinander zwar nötig, für das Theaterspiel aber hinderlich sind. Dazu sollte ein Spiel- und Schutzraum (▸ Vertrauen, S. 24) etabliert werden, in dem Verbote und Konventionen (▸ Körperlichen Ausdruck erschließen und erweitern, S. 43) ein Stück weit außer Kraft gesetzt sind, in dem die Selbstzensur möglichst nicht mehr wirkt und den Spieler die Angst vor peinlichem Verhalten nicht mehr blockiert (▸ Mut, vor anderen zu spielen, S. 23). Die Freude am Experimentieren mit seinen körperlichen und stimmlichen Möglichkeiten tritt in den Vordergrund (▸ Körperlichen Ausdruck erschließen und erweitern, S. 43; Stimmliche Ausdrucksmittel, S. 44). Dies in der Gruppe zu erleben, vervielfacht noch einmal die Wirkung: Dabei werden Energien frei, die eine erfolgreiche Probenarbeit über weite Strecken tragen können. Der Theaterpädagoge kann durch Anerkennung und Lob Mut belohnen und das

spielerische Verhältnis zum eigenen Körper und der eigenen Stimme, aber auch das zu den Mitspielern (▸ Zusammenarbeit, S. 28) verstärken. »Wichtig ist auch, dass ein Schüler, dem [etwas] gelungen ist, [...] anschließend sofort belohnt, gelobt und bewundert wird. Es bringt nichts, einfach eine Aufgabe zu stellen und zu erwarten, sie würde klappen.« (Johnstone[2], S. 92) In dem Maß wie Mitglieder der Gruppe die Möglichkeit der Probe dazu nutzen, mehr als im normalen Leben von sich preiszugeben (▸ Mut entwickeln, etwas von sich preiszugeben, S. 23), wächst das Vertrauen innerhalb der Gruppe (▸ Vertrauen, S. 24). Einerseits wird das Spiel freier, wenn das Vertrauen untereinander wächst, andererseits steigert der spielerische Umgang miteinander das Vertrauen. Entwickelt dieses Wechselspiel eine positive Dynamik, dann entsteht Motivation und Energie für das Theaterprojekt. Wichtig für die Motivation ist auch, dass das Ziel des Projektes von allen Teilnehmern getragen wird. Dazu muss man herausfinden, was die Teilnehmer wollen. Dabei wird oft ein Unterschied sichtbar zwischen dem, was die Spieler sagen und dem, was die Spieler tun. Man sollte sich als Spielleiter immer danach richten, was die Spieler tun. Da Theater handlungsorientiert ist, ist es perfekt dazu geeignet, herauszufinden, was die Spieler tun wollen, indem man sie immer wieder auffordert, ihre Ideen szenisch umzusetzen. Dabei entsteht szenisches Material, das wertvoller ist als das bei Gesprächsrunden Gesagte, zeigt es doch einerseits, was die Spieler wollen und andererseits auch, was sie spielen können (▸ Umsetzung in szenisches Material: spielbare Elemente, S. 86). Dieses Material kann außerdem relativ leicht weiterentwickelt werden. Nicht zuletzt muss das Ziel des Projektes konsequent und für alle nachvollziehbar verfolgt werden, damit die Motivation der Gruppe erhalten bleibt.

➻ Beispielübung 1: Gemeinsam erzählen, wie die Aufführung aussehen wird

A.2.3 — Durchhaltevermögen – mit Anspannung, Stress oder Überforderung umgehen lernen

Die Herausforderungen beim Theaterspielen sind groß. So muss man sich immer wieder auf die Andersartigkeit der Mitspieler einlassen. Auch kann man oft nicht warten, bis die Inspiration »von selbst« kommt, sondern muss zum gleichen Zeitpunkt wie die anderen seinen Anteil beitragen. Die Projekte sind oft zeitaufwendig und häufig ist das Ergebnis nicht so leicht erreichbar wie gedacht; zudem ist die Aufführung selbst mit einer besonderen Aufregung verbunden usw. All diese Hindernisse können nur dann überwunden werden, wenn es etwas gibt, das die Spieler motiviert. Das ist meist die Freude über die Entdeckung neuer eigener Ausdrucksmöglichkeiten, die inspirierende Zusammenarbeit mit den anderen Spielern und/oder die Vorfreude auf die Aufführung (▸ vorheriger Abschnitt). Trotzdem sind die besagten Hindernisse vorhanden und führen regelmäßig auch zu Frustrationen und Konflikten. Dadurch entstehen immer wieder Anlässe, mit Anspannung, Stress oder Überforderung umzugehen. Die Gruppe hilft dabei. Auch das Wissen, dass er unersetzlich ist, lässt so manchen weitermachen bis die eigene Motivation wieder überwiegt. Viele Spieler machen durch die Theaterarbeit sehr nachhaltig die Erfahrung, dass man wegen innerer Widerstände nicht aufhören muss, sondern dass man sie überwinden kann. Diese (manchmal während der Probenarbeit erst erworbene) Fähigkeit ist gegen Ende eines Projektes, wenn Anspannung, Stress und das Gefühl der Überforderung zunehmen, eine wichtige Voraussetzung für das Gelingen der Aufführung.

➻ Beispielübung 2: »Ha!«

A.2.4 — Angst abbauen

Eine weitere wichtige Aufgabe besteht darin, in der Gruppe Angst abzubauen und Vertrauen zu schaffen. Keith Johnstone schreibt in seinem Buch »Improvisation und Theater« (Johnstone[2], S. 46): »Statt Menschen für untalentiert zu halten, können wir sie als angsterfüllt begreifen.«

A.2.4.1 — Berührungsängste abbauen/Sich miteinander bekannt machen

Schon das gegenseitige Kennenlernen ist ein erster Schritt, Berührungsängste abzubauen. Es beginnt mit dem Lernen der Namen und wird hier deshalb genannt, weil es in Theaterprojekten oft spielerisch unter Anleitung geschieht. Die Spieler sollten neben den Namen etwas über die anderen Spieler erfahren. Einerseits fördert das die Vertrautheit, andererseits spielen oft persönliche Erfahrungen der Schauspieler eine wesentliche Rolle in der Theaterarbeit (▸ Stückentwicklung, S. 83)

➻ Beispielübung 3: Mein rechter Platz ist leer

Mit Berührungsängsten kann man leben – für die Theaterarbeit sind sie aber meist ein Hindernis. Dies gilt sowohl für die körperliche Berührungsangst wie auch für die psychische. Beide kann man meist nach und nach abbauen, indem man Übungen vorschlägt, die das gegenseitige körperliche Berühren – möglichst nebenbei – beinhalten.

➸ Beispielübung 4: Abklopfen

A.2.4.2 — Mut, vor anderen zu spielen

Auch haben die meisten Menschen mindestens eine gewisse Scheu, vor andere Menschen hinzutreten und ihnen etwas darzubieten – vor allem, solange dies noch nicht perfekt geprobt ist: »Meiner Meinung nach haben wir alle eine Phobie, nämlich die, auf einer Bühne zu stehen und angestarrt zu werden« (Johnstone[2], S. 46). Deshalb beginnt das Theaterspielen meist im geschützten Raum (▸ Vertrauen, S. 24). Dort kann man unbeobachtet ausprobieren und etwas entwickeln, bis man es vor Publikum aufführen will. Dabei werden zunächst die anderen Mitglieder der Gruppe zu Zuschauern. Es findet also eine Art systematische Desensibilisierung statt. Die Angst wird durch das Proben und durch das Spiel vor immer größerem und fremderem Publikum abgebaut.

➸ Beispielübung 5: Samurai

A.2.4.3 — Mut entwickeln, etwas von sich preiszugeben

Die Angst vor dem Publikum steht im Zusammenhang mit der Angst, wir könnten etwas von uns preisgeben, das wir verbergen wollen. Johnstone erklärt: »Ein Schüler zögert nicht, weil ihm nichts einfällt, sondern um die unpassenden Ideen zu verbergen, die ungewollt auftauchen« (Johnstone[2], S. 203). Der Schüler unterdrücke deshalb bestimmte Einfälle, weil er Angst davor habe, sich »allein

oder ›absonderlich‹ [zu] fühlen« (Johnstone[2], S. 189). Dies führe schließlich dazu, dass man versuche, »sowenig wie möglich von sich zu verraten.« (Johnstone[2], S. 128) Diese Angst wird also zum Hindernis für Kreativität und Spontaneität (▸ Spontanes Denken und Handeln, S. 32): »Man muss einen Gedanken abwägen, entscheiden, ob er einen verrät, ihn entsprechend umbiegen oder durch etwas anderes ersetzen« (Johnstone[2], S. 203). Um mit der Gruppe arbeiten zu können, muss der Theaterpädagoge versuchen, diese Angst nach und nach abzubauen. Johnstone schlägt Folgendes vor: »Entspannung ist unvereinbar mit Angst« (Johnstone[2] S. 45). Er begründet dies mit Erkenntnissen Joseph Wolpes, die dieser bei seiner Therapiemethode der »fortschreitenden Desensibilisierung« nutzt. Muskelentspannungsübungen am Anfang der Probe und besonders am Anfang eines Theaterprojektes können auch eine mental entspanntere Arbeitsatmosphäre bewirken.
➛ Beispielübung 6: »Ich habe noch nie …«

A.2.4.4 — Vertrauen

Vertrauen ist ein Schlüsselthema für die Theaterarbeit. Ist das Vertrauen der Gruppenmitglieder untereinander schwach, muss versucht werden, dieses nach und nach aufzubauen. Die Bedeutung gegenseitigen Vertrauens sollte den Spielern auch erklärt werden. Das Vertrauen in der Gruppe kann gestärkt werden, indem zunächst verbal ein Schutzraum etabliert wird: Mit der Gruppe wird besprochen, dass innerhalb dieses Raumes während der Proben alles erlaubt ist, was den anderen nicht schadet und dass zum Beispiel niemand ausgelacht werden darf. Außerdem sollte alles, was

während der Probe passiert auch innerhalb des Schutzraumes bleiben. Das heißt, dass mit anderen außerhalb des Raumes nicht darüber gesprochen wird, was bei der Probe passiert. Weiterhin sollte (zum Beispiel durch Lob) belohnt werden, wer Vertrauen wagt, mutig spielt oder etwas von sich preisgibt. Dies kann die anderen der Gruppe ermutigen, ebenfalls Vertrauen zu wagen (▸ Motivierung, S. 19). Im Gegenzug muss ein gravierender Vertrauensbruch auch sanktioniert werden. Ziel ist, dass die Schauspieler Verantwortung für sich und andere übernehmen. So versucht der Theaterpädagoge nach und nach das Vertrauen des Einzelnen in die Gruppe zu stärken bis jeder das Gefühl hat, sich in hohem Maß auf die anderen verlassen zu können. Meist entsteht schnell ein Gefühl dafür, wie angenehm es sich in einer vertrauensvollen Atmosphäre arbeiten lässt, so dass sich die Schauspieler in der Regel bald selbstständig darum bemühen, das Vertrauen weiter zu stärken.
➵ Beispielübung 7: Torkelflasche

A.2.5 — Sich entscheiden können / Kompromisse eingehen

Wer sich nicht entscheiden kann – beim Theater lernt er es. Von Entscheidungen zum Ablauf der Probe über spontane Entscheidungen beim Improvisieren (▸ Improvisieren lernen, S. 34) bis zu Entscheidungen über Form und Inhalt des Stückes sind unzählige Entscheidungen zu treffen. Oft muss man das, wofür man sich entschieden hat, auch begründen oder dafür streiten. Der Theaterpädagoge sollte unbedingt darauf achten, dass alle mitentscheiden. Die Spieler, welche die Probenarbeit mitbestimmen, haben meist auch das Gefühl, dass das Projekt ihr Projekt ist. Damit ist die

Fähigkeit, sich zu entscheiden auch eine Voraussetzung für eine stabile, arbeitsfähige Gruppe (▸ Die Gruppe, S. 15), für die Motivierung (▸ S. 19) und für die Hingabe (▸ folgender Abschnitt).

➸ Beispielübung 8: Magische Luft

A.2.6 — Hingabe und Ego / Freiheit

Neulinge beim Theater zeigen oft ein anhaltendes Lächeln auf der Bühne. Es ist ein Verhalten, das in der »sozialpflichtigen« Realität eine wichtige Funktion hat – bedeutet es doch: Ich mache nur Spaß; das, was ich gerade tue oder sage, ist nicht ernst gemeint. Beim Theater dagegen wissen die Zuschauer, dass es nur gespielt ist und möchten das eigentlich vergessen. Eine wichtige Voraussetzung dafür, dass die Schauspieler die Vorgänge ernst nehmen, ist die Hingabe. Gibt man sich der Situation hin, nimmt man wirklich wahr (▸ Wahrnehmen, Selbstwahrnehmung, Bewusstheit S. 40) und macht man wirkliche Erfahrungen, dann kann auch das Publikum die Vorgänge auf der Bühne ernst nehmen. Hier berührt man schnell das Thema Demut bzw. Ego. Ist der Spieler mit der Geschichte eins, die er spielt, dann braucht er keine kritische Distanz einzunehmen. Das sieht man als Zuschauer deutlich. Das Publikum möchte, dass die Schauspieler hingebungsvoll ihre Figur spielen und demütig der Geschichte dienen. Es ist also eine wichtige Kompetenz, hinter sein Ego zurückzutreten und mit einer gewissen Demut dem gemeinsamen Projekt zu dienen.

➸ Beispielübung 9: Duell: den anderen zum Lachen bringen

A.2.7 — Konzentrationsfähigkeit

Die Fähigkeit, sich über einen längeren Zeitraum auf eine bestimmte Sache zu konzentrieren, ist eine zentrale Kompetenz für die theaterpädagogische Arbeit. Zum ersten ist die Konzentration des Einzelnen eine Voraussetzung für die Gruppenarbeit. Zum zweiten ist eine Gruppenkonzentration eine Voraussetzung für die weitere Probenarbeit. Ziel ist, dass sich alle Mitglieder der Gruppe gleichzeitig auf die gleiche Sache konzentrieren können. Diese gemeinsame Konzentration ist etwas sehr Wertvolles, denn sie muss von jedem Einzelnen eine bestimmte Zeit getragen werden. Zum dritten hat Konzentrationsfähigkeit noch eine besondere Bedeutung aufgrund der spezifischen Erfordernisse des Mediums Theater: Ist die gemeinsame Konzentration eine Voraussetzung, um effektiv proben zu können, so ist dies wiederum ein Training, um die hohe Konzentration zu erreichen, die für die Aufführung vor Publikum nötig ist. Das Ergebnis der künstlerischen Arbeit – das Stück – wird erst sichtbar, wenn die ganze Gruppe dieses gemeinsam erschafft. Die Konzentration ist also eine Voraussetzung für die Zusammenarbeit (▸ S. 28). Auf der Ebene des einzelnen Spielers ist die Fähigkeit von Vorteil, seine Konzentration willentlich von einer Sache auf eine andere lenken zu können. Dies ist eine Voraussetzung für die Lenkung der eigenen Vorstellungskraft (▸ Phantasie/Vorstellungskraft/Inspiration/kreatives Denken, S. 51) und für das Spielen von Vorgängen (▸ Vorgänge, S. 61). Die Konzentration kann nach und nach entwickelt werden. Ein großer Schritt ist getan, wenn der Einzelne der Gruppe vertrauen kann, dass diese gleichzeitig mit ihm Konzentration aufbauen kann. Wegen der Bedeutung der Konzentration für die Theaterarbeit verfügt die Theaterpädagogik über ein reiches Repertoire an Methoden, um sie zu entwickeln. Eine wichtige Voraussetzung für die Entwicklung der Konzentration ist ein geeigneter Probenraum (▸ Raum, S. 16).

➛ Beispielübung 10: »Wusch!«

A.3 — Zusammenarbeit

Theater ist in der Regel eine kollektive Kunst, die die Zusammenarbeit der Spieler erfordert und fördert. Die Mitglieder der Gruppe arbeiten auf mehreren Ebenen sehr intensiv miteinander – bei Diskussion und Kritik (▸ Der Blick von außen, S. 68), bei der Ideenentwicklung (▸ Mit anderen zusammen eine Idee entwickeln, S. 33) und schließlich beim Zusammenspiel auf der Bühne (▸ Zusammenspiel der Figuren, S. 60). Das gilt für Arbeit mit Nichtprofis noch mehr als für das Profitheater, wo meist der Regisseur die Probenarbeit und die Inszenierung bestimmt. Da in der Arbeit mit Nichtprofis aber der Teilnehmer mit seinen Wünschen und Ideen mehr im Vordergrund steht, muss dieser hier die Möglichkeit haben, sich auf den verschiedenen Ebenen der Probenarbeit einzubringen (Projekt, Inhalt, Formen, Rolle). Der Einzelne muss sich in der Gruppe so wohl fühlen, dass er ohne Scheu seine Meinung sagen, seine Kritik äußern und seine Vorschläge einbringen kann. Dem Einzelnen sollte die Erfahrung ermöglicht werden, dass die Zusammenarbeit mit einem Partner funktioniert und dass sie sich lohnt, weil man seine Möglichkeiten potenziert, wenn man durch einen oder mehrere Partner unterstützt wird. Eine wichtige Voraussetzung für die Zusammenarbeit ist – wie oben beschrieben – die gemeinsame Konzentration (▸ Konzentrationsfähigkeit, S. 27).

➻ Beispielübung 11: Sitzkreis

A.3.1 — Sensibilität des Einzelnen für die Gruppe

Inwieweit die Zusammenarbeit entwickelt werden kann, hängt auch von der Gruppe ab. Jede Gruppe hat ihre eigene Dynamik, ihren eigenen Charakter. Wer selbst schon in einer Gruppe gearbeitet hat, kennt Gefühle wie Ungeduld oder gar Wut, wenn die Gruppe etwas anderes tut, als man selbst will. Bevor man die Zusammenarbeit positiv entwickeln kann, ist es wichtig, dass der Einzelne das Verhalten der Gruppe überhaupt wahrnimmt.

➻ Beispielübung 12: Schwarm: Dreieck, Linie, Doppellinie

A.3.2 — Angebote annehmen

Eine wichtige Voraussetzung für die Zusammenarbeit ist das Annehmen von Angeboten. Keith Johnstone schreibt in »Improvisation und Theater«: »Leute, die ein langweiliges Leben haben, glauben oft, das sei einfach Zufall. In Wirklichkeit entscheidet jeder Mensch mehr oder weniger selbst, welche Erlebnisse er haben wird, nach der Art und Weise, wie er [Angebote] blockiert oder bejaht.« (Johnstone[2], S. 170) Er definiert das Annehmen von Angeboten in seiner pragmatischen Weise so: »Ich bezeichne alles, was ein Spieler macht, als ›Angebot‹. Jedes Angebot kann entweder akzeptiert oder blockiert werden. [...] Geht die Handlung weiter, war es kein Blockieren.« (Johnstone[2], S. 165) Diese Fähigkeit kann wiederum besonders gut im Rahmen des Mediums Theater trainiert

werden, weil hier die Folgen des Angebote-Annehmens begrenzt sind. Man kann – typisch für Theater – modellhaft üben. Das Annehmen von Angeboten ist eine fundamentale Voraussetzung für die Improvisation (▸ Improvisieren lernen, S. 34).
➻ Beispielübung 13: Eine Geste rechtfertigen

A.3.3 — Führen und führen lassen

Es gibt Menschen, die führen gern und es gibt Menschen, die lassen sich lieber führen. Die Meisten bevorzugen im Leben entweder die eine oder die andere Variante. Damit man als Spieler auf der Bühne flexibel handeln kann, ist es vorteilhaft, dass man die gegenteilige Verhaltensweise übt. Dafür muss man zunächst wahrnehmen, welche der beiden Varianten man im Leben bevorzugt. »Wir wollten […] erreichen, dass die Schauspieler sich daran gewöhnten, einander zu gehorchen und einander zu kommandieren.« (Johnstone[2], S. 239) Können die Schauspieler zwischen beiden Varianten hin und her wechseln, ist eine wichtige Voraussetzung für die Zusammenarbeit wie für das Zusammenspiel (▸ Zusammenspiel der Figuren, S. 60) geschaffen.
➻ Beispielübung 14: Spiegeln

A.3.4 — Nonverbale Kommunikation

Theaterspielen erfordert unter anderem, dass man nonverbal kommunizieren kann, weil der gesprochene Text nicht der Kommunikation zwischen den Schauspielern, sondern der Geschichte dient. Dies erfordert ein hohes Maß an gegenseitiger Vertrautheit. Die

Spieler müssen so aufeinander eingespielt sein, dass sie sich und ihre Art zu kommunizieren gegenseitig sehr gut kennen.
➵ Beispielübung 15: Mit den Augen dirigieren

A.4 — Kreatives Denken und Handeln

Für nichtprofessionelle Spieler bietet Theater viele Möglichkeiten sich einzubringen. Nicht allein als Schauspieler, sondern auch als Regisseur, Dramaturg, Bühnenbildner und so weiter. Theater als künstlerisches Medium bietet hier die Möglichkeit, immer wieder neue Wege zu gehen. Kreatives Denken und Handeln ist dafür eine Basis.

A.4.1 — Bereitschaft, neues auszuprobieren

Die Bereitschaft, Neues auszuprobieren und sich so neuen Erkenntnissen und Erfahrungen zu öffnen wird hier deshalb besonders genannt, weil sie nach unserer Erfahrung nicht selbstverständlich ist. Aber gerade die Theaterarbeit bietet viele Anlässe, diese Kompetenz zu trainieren. Machen die Spieler die Erfahrung, dass es viel zu entdecken gibt (z. B. wenn ihr Körper zum bewussten Ausdrucksmedium wird) und dass es sich also »lohnt«, Neues auszuprobieren, dann wächst meist auch die Bereitschaft, sich auf Ungewohntes einzulassen. Gerade mit Kindern kann man erleben, wie grundlegend sie sich in diesem Punkt verändern können. Die Bereitschaft, sich auf Neues einzulassen ist eine wichtige Voraussetzung für die Kreativität (▸ Phantasie/Vorstellungskraft/Inspiration/kreatives Denken, S. 51) – aber natürlich nicht nur für Theater und die anderen Künste, sondern auch für ein erfülltes Leben überhaupt.

➳ Beispielübung 16: Requisiten entdecken

A.4.2 — Spontanes Denken und Handeln

Ist diese Bereitschaft vorhanden, dann kann man Spontaneität entwickeln. Für viele Theateranfänger ist es verblüffend, dass man Spontaneität tatsächlich erlernen kann. Hierbei besteht die Aufgabe vor allem darin, Hindernisse für spontanes Denken und Handeln aus dem Weg zu räumen und das Selbstvertrauen der Schauspieler in die eigene Spontaneität zu stärken. Keith Johnstone meint, spontanes Handeln werde auf der Bühne oft durch Angst verhindert (▸ Mut entwickeln, etwas von sich preiszugeben, S. 23). Ängste können wiederum mit geringem Vertrauen in die anderen Gruppenmitglieder zusammenhängen (▸ Vertrauen, S. 24). Spontanes Denken und Handeln ist eine wichtige Voraussetzung für die Improvisationsfähigkeit (▸ Improvisieren lernen, S. 34).

➳ Beispielübung 17: Freies Assoziieren

A.4.3 — In einem vorgegebenen Rahmen eine Idee entwickeln

Sind Hindernisse für das spontane kreative Denken aus dem Weg geräumt, so besteht eine weitere Aufgabe darin, diese Spontaneität in Bahnen zu lenken, denn beim Theater werden meist Ideen gebraucht, die eine konkrete Funktion erfüllen (so muss z. B. eine Begründung dafür »erfunden« werden, warum eine Figur in einem bestimmten Moment ihr Handlungsziel ändert). Der Spieler muss also lernen, seine Phantasie in einem vorgegebenen Rahmen arbeiten zu lassen, damit sie »maßgeschneiderte« Ideen liefert. Aus der Kreativitätsforschung ist außerdem bekannt, dass Vorgaben die Phantasie eher anregen (Beispiel: »Sie wachen während Ihrer eigenen OP aus der Narkose auf. Wie reagieren Sie?«) (▸ Lernen, eine Szene zu gestalten, S. 52). Vorgaben als Inspirationsquelle zu nutzen (und nicht als Einschränkung anzusehen), muss eventuell entwickelt werden.

➳ Beispielübung 18: Eine Statue zu einem vorgegeben Thema entwerfen

A.4.4 — Mit anderen zusammen eine Idee entwickeln

Ideen füllen und erfüllen nicht nur Rahmen und Vorgaben. Im Theater als kollektiver Kunst werden Ideen meist auch gemeinsam erarbeitet. In Gruppen von zwei, drei oder vier Schauspielern eine Idee zu entwickeln und auszubauen, kann sehr leicht und beglückend sein, weil man hierbei sehr schnell auf Ideen kommt. Auch wenn man selbst noch keine Idee hat, entzünden sich die Ideen oft aneinander und man muss nur noch die besten Ideen auswählen und zusammenfügen. Gemeinsam erarbeitete Ergebnisse sind für die Theaterarbeit besonders wertvoll, da sich hier in einem sehr frühen Stadium des Projektes die Vorstellungen mehrerer Spieler verbinden (▸ Dramaturgie und Montage des szenischen Materials, S. 87). Fällt bestimmten Spielern das gemeinsame Arbeiten schwer, weil sie Gruppenarbeit vielleicht noch nicht gewöhnt sind, so kann hier das Annehmen von Angeboten – wie bei der Improvisation (▸ folgender Abschnitt) – geübt werden.

➳ Beispielübung 19: Gemeinsam erzählen, zu zweit

A.4.5 — Improvisieren lernen

Improvisation zu lernen ist eine zentrale Aufgabe innerhalb eines Theaterprojektes. Man könnte einen künstlerischen Prozess mit den Kategorien »flüssig« und »fest« beschreiben. Solange der Künstler Ideen bewegt, kombiniert oder komponiert, arbeitet er im »Flüssigen«. Erhält das künstlerische Ergebnis dann Kontur und wird es zunehmend fester, könnte man sagen, es »kristallisiert« aus. Wenn man in diesem Bild bleibt, so ist die schauspielerische Improvisation im Stadium des Flüssigen anzusiedeln. Ähnlich wie beim Nachdenken oder Phantasieren sind Ideen hier leicht beweglich, nichts ist fertig und das meiste ist noch nicht aufführungsreif. Doch ist die Improvisation schon körperlicher als die reine Phantasie, schon realer: Sie misst die Ideen schon an der Umsetzbarkeit auf der Bühne. Improvisation kann man lernen. Besonders Keith Johnstone hat hier wichtige Impulse gegeben (siehe Johnstone[2] und auch Marianne Miami Anderson[6]). Will man Improvisation lehren, so stellen sich weitere Aufgaben: Eine wichtige Aufgabe im Zusammenhang mit Improvisation ist es, die Zusammenarbeit (▸ S. 28) weiterzuentwickeln. Eines der wichtigsten Ziele ist dabei, den Spielern zu vermitteln, dass sie die Angebote ihres Partners auf der Bühne annehmen sollten. Weitere Ziele sind, nicht lange nach der besten Idee zu suchen, sondern möglichst den ersten Einfall zu benutzen und so die Zensur im Kopf zu umgehen (▸ Spontanes Denken und Handeln, S. 32). Die Improvisation kann, wie viele andere Ziele, Selbstzweck sein (und mündet dann in Improvisationstheater oder Theatersport). Sie ist aber auch ein wichtiges Ziel innerhalb einer Stückentwicklung, weil sie in vielerlei Hinsicht mit anderen

Teilzielen verknüpft ist. Besonders hervorzuheben ist, dass sie das wichtigste Mittel ist, um szenische Ideen zu entwickeln (▸ Lernen, eine Szene zu gestalten, S. 52). Außerdem erlebt der Spieler den Denk-Sprech-Prozess auf der Bühne hierbei richtig herum (▸ Text sprechen/Interpretieren, S. 54). Auch kann sie beim Spiel mit vorgegebenem Text Sicherheit geben: Ist der Spieler in der Lage, ohne festgelegten Text zu spielen, so kann er damit umgehen, wenn ihm der gelernte Text einmal nicht einfällt.

➵ Beispielübung 20: Angebote annehmen, zu zweit

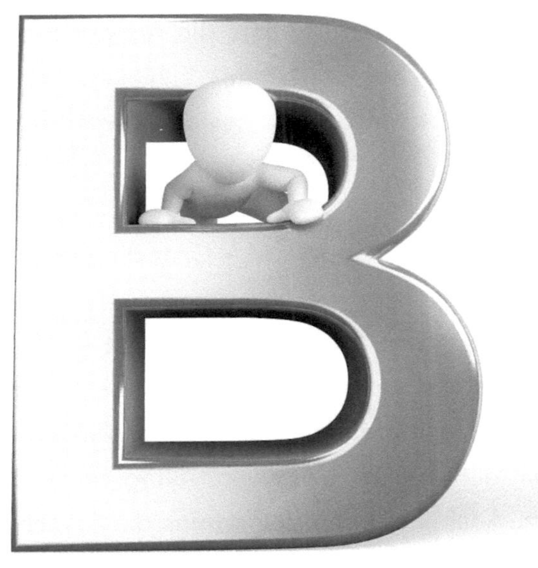

Mittel des »Erzählens« im Theater

Als kurze Antwort auf die Frage, was Theater ist wurde am Anfang gesagt, Theater ist ein Medium, das dadurch gekennzeichnet ist, dass eine Gruppe einem Publikum eine Geschichte »erzählt«. Die Anführungsstriche deuten an, dass die Art des Erzählens eine besondere ist. Die wichtigste Art des Erzählens im Theater ist das Schauspielen. Man könnte es als bewusst gestaltetes Verhalten beschreiben.

B.1 — Schauspielerische Mittel – Grundlagen schaffen

B.1.1 — Trennung von Theater und Realität

Das Spiel sollte klar von der »sozialpflichtigen« Alltagsrealität getrennt werden. Denn anders als in anderen Künsten sind die künstlerischen Mittel hier dem, was wir im Alltag erleben, zum Verwechseln ähnlich. Auch im Leben dienen uns die Sprache und der Körper als Ausdrucksmittel. Manche ziehen daraus sogar die Schlussfolgerung, »die Schauspielkunst ist keine echte Kunst. [...] Kunst ist das genaue Gegenteil des Chaotischen [...]. Es versteht sich daher von selbst, dass zur Erschaffung eines Kunstwerks nur mit den Materialien gearbeitet werden darf, über die man planend verfügen kann. Der Mensch gehört nicht zu diesen Materialien.« (E. G. Craig[7] »Der Schauspieler und die Übermarionette«) Der ideale Schauspieler tut alles bewusst. Er ahmt auch das nach, was wir im Alltag unbewusst tun. Schauspieler spielen (auf der Bühne oder vor der Kamera) immer eine Rolle. Zur Technik professioneller Schauspieler, die wir aus Theater und Film kennen, gehört es darüber hinaus, zu verbergen, dass sie eine Rolle spielen. Das führt dazu, dass Anfänger oft meinen, man müsse einfach auf die Bühne gehen und »man selbst« sein. Menschen, die das Schauspielen, das bewusste Gestalten ihres Verhaltens, erst erlernen, brauchen umso mehr eine Trennung von der Alltags-Realität. Es muss zwischen »Erzählern« und »Zuhörern« die Vereinbarung bestehen, dass hier eine »Erzählung« und keine alltägliche Realität stattfindet. Eine solche Trennung verhilft einerseits zu einer größeren Unbeschwertheit im Spiel: Denn wenn nichts von dem, was gespielt wird in den Alltag dringt, kann der Spieler noch mehr die im Alltag gültige Verantwortung für sein Tun auf der Bühne abgeben und braucht nicht zu befürchten, dass eine neue Verhaltensweise, die im Spiel auftritt, gleich Auswirkungen auf seine Persönlichkeit (oder seinen Ruf) hat. Andererseits wird dadurch auch verhindert, dass Verhaltensweisen einer Figur in den Alltag übernommen werden (was für die Umwelt des Schauspielers unangenehme, für den Spieler selbst pathologische Folgen haben kann). Je konsequenter diese Trennung umgesetzt werden kann, desto freier kann der Spieler agieren. Die Trennung des Theaters vom Alltag kann durch verschiedene Rituale etabliert werden: Private Dinge wie Uhren, Schmuck und Kleidung sollten abgelegt, privates Make-up und Frisuren sollten nicht getragen werden. Es können Eröffnungs- und Schlussrituale etabliert werden. Auch Kostüme und Masken wirken als klare Trennung von der Alltagsrealität.

➳ Beispielübung 21: Vorhang öffnen

B.1.2 — Warm-up: aufwärmen von Körper und Stimme

Um Schäden an Muskeln und Stimmlippen zu vermeiden, müssen Körper und Stimme – analog zum Sport – »aufgewärmt« werden. Für die Muskulatur ist dies meist bekannt, für die Stimme gilt dies aber auch: Von ihr sagt man, dass sie nach dem morgendlichen Aufstehen noch zwei Stunden länger »schläft«. Das heißt, sie ist nicht voll beanspruchbar. Die Stimme sollte deshalb, vor allem bei Proben am Morgen oder am Vormittag, durch (anfänglich sanfte) Stimmübungen »aufgewärmt« werden.

➳ Beispielübung 22: Summen, mit dem ganzen Körper kauen

B.1.3 — Wahrnehmen, Selbstwahrnehmung, Bewusstheit

Beim Theaterspielen ist der bewusste Gebrauch der Sinne eine grundlegende Voraussetzung: Erst dann, wenn ich auf der Bühne genau wahrnehme und wenn dieses Wahrnehmen zu einer Erfahrung führt, wirken meine Reaktionen angemessen. Oft sieht man Anfänger Theater spielen, die aus sich selbst heraus Reaktionen oder Gefühle produzieren. Eines der Vorurteile dem Theater gegenüber ist, dass Schauspieler ja nur »so tun, als ob«. Wenn man aber überzeugendes Theater machen will (▸ Das Publikum erreichen, S. 73), darf das Verhalten auf der Bühne eben gerade nicht »geschauspielert« wirken. Ein Schlüssel dazu ist die Wahrnehmung. Sicher fügt der Schauspieler der Realität mithilfe seiner Phantasie (▸ S. 51) Elemente hinzu, aber er benutzt auch das, was wirklich da ist, wenn es ihm hilft: z. B. die Requisiten (▸ S. 47), den Raum, den Geruch und – nicht zuletzt – den Partner (▸ Zusammenspiel der Figuren, S. 60). Schauspielen kann – wie schon erwähnt – als bewusstes Gestalten des eigenen Verhaltens angesehen werden. Um das eigene Handeln gestalten zu können, muss das eigene Handeln zunächst wahrgenommen werden. Keith Johnstone vergleicht die Selbstwahrnehmung mit dem Licht im Kühlschrank: Wir sind oft der Meinung, dass wir uns unseres Verhaltens immer bewusst seien – das käme nach Johnstone der Behauptung gleich, im Kühlschrank würde das Licht immer brennen. Einer der Schüler von Johnstone schreibt: »Mir ist oft gesagt worden, ein Schauspieler müsse sich seines Körpers bewusst sein. Ich habe das nicht verstanden, bis ich versucht habe, beim Sprechen den Kopf still zu halten.« (Johnstone[2], S. 74) Zu dieser Selbstwahrnehmung gehört es, sich seine Sinneseindrücke bewusst zu machen, seinen Körper genauer kennenzulernen (▸ Körperlichen Ausdruck erschließen und erweitern, S. 43), sein Verhalten zu reflektieren und auch seine eigene Phantasie so wahrzunehmen, wie sie ist (▸ S. 51). Alle Bereiche des Selbst wie Erinnerungen, Ängste, Bedürfnisse und Wünsche können beim Spielen bedeutsam werden. Wenn der Beitrag der Spieler bei der Stückentwicklung (▸ S. 83) wesentlich vielfältiger ist als bei der Inszenierung (▸ S. 80), dann ist die Selbstwahrnehmung eine wichtige Voraussetzung dafür. Aber auch aus pädagogischer Sicht sind die Wahrnehmung und das wirkliche Miteinander-Spielen wichtig. Es ist wertvoller für den Spieler, wenn er wirklich mit seiner Umwelt und seinem Partner interagiert, als wenn er nur etwas Gelerntes »abspult«. Durch Wahrnehmung kann man Erfahrungen machen: »Im Probenraum machen echte Menschen echte Erfahrungen.« (Autor unbekannt). Ein geeignetes Mittel, um die Wahrnehmung zu entwickeln, ist, das Wahrgenommene zu verbalisieren: es zu beschreiben.

➻ Beispielübung 23: Wanderung durch die Sinne

B.1.4 — Atem

Der Atem ist Grundlage für den Gebrauch des Körpers wie auch der Stimme, als die wichtigsten Ausdrucksmittel im Theater. Zunächst muss sich der Spieler seines Atems bewusst werden (▸ Wahrnehmen, Selbstwahrnehmung, Bewusstheit, S. 40). »Wichtig ist, beim Einatmen alle Muskeln anzuspannen und beim Ausatmen zu entspannen.« (Boal[1], S. 200) Augusto Boal zeigt hier den Zusammenhang von Atmung und Spannung auf. Dies eröffnet zum Beispiel die Möglichkeit, den Körper bewusst zu entspannen und dadurch die Bühnenangst zu verringern (▸ Angst abbauen, S. 22). Ein einfaches Experiment zeigt darüber hinaus die Tragweite des Atems für das Schauspielen: Wer einmal versucht hat, in eingeatmetem Zustand Niedergeschlagenheit zu spielen oder ausgeatmet eine große Freude, der weiß um die Bedeutung des bewussten Umgangs mit dem Atem für den schauspielerischen Ausdruck. Durch den bewussten Umgang mit dem Atmen wird der Weg zu einem bewussten Gebrauch des Körpers (▸ S. 43) und der Stimme (▸ S. 44) geebnet. Er ist damit auch Grundlage für die auf der Bühne notwendige Bühnensprache (▸ Sprechtechnik, S. 70).

➻ Beispielübung 24: Vollatmung Bauch, Brust, Schlüsselbeine, Kopf

B.1.5 — Körperlichen Ausdruck erschließen und erweitern

Peter Brook reduziert in seinem Buch »Der leere Raum« das Medium Theater auf das Mindeste was es braucht: »Ein Mann geht durch den Raum, während ihm ein anderer zusieht; das ist alles, was zur Theaterhandlung notwendig ist.« (Brook[8], S. 9) Der Körper des Schauspielers (und seine Stimme, die mit dem Körper verbunden ist) ist das zentrale Ausdrucksmittel des Theaters. Doch die Sprache des Körpers ist zunächst von Konventionen geprägt, von denen sich die Spieler oft nur schwer lösen können: »Durch unser beschränktes Bewegungsrepertoire im Alltag reduzieren wir die Bewegungsfähigkeit unseres Körpers.«, schreibt Augusto Boal (Boal[1], S. 178). Nach Boal sind »unsere Bewegungsabläufe im Alltag [...] automatisiert« (Boal[1] S. 183). Deshalb sei der »erste Schritt [...] das Bewusstwerden unseres eigenen Körpers [...], seiner automatisierten, mechanisierten Bewegungsabläufe.« (Boal[1], S. 174) (▸ S. 40) Durch das »Bewusstwerden« können die Spieler das nutzen lernen, was ihnen zur Verfügung steht. »Keine akrobatischen Leistungen sind angestrebt, sondern das Ausschöpfen all dessen, was in uns angelegt ist.« (Boal[1], S. 174) Die meisten guten Laien-Darsteller sind deshalb überzeugend, weil sie ihre Möglichkeiten optimal ausnutzen – ohne unbedingt an der Erweiterung ihrer Ausdrucksmöglichkeiten gearbeitet zu haben. Wenn genügend Zeit zur Verfügung steht, kann der Theaterpädagoge mit den Spielern an der Erweiterung ihrer Ausdrucksmöglichkeiten arbeiten. Effektive Mittel dafür sind der Umgang mit dem Raum (▸ S. 48) und mit dem Rhythmus (▸ S. 48). Im Idealfall verfügen die Spieler über einen durchtrainierten, beweglichen und »durchlässigen« Körper.

»Durchlässig« ist der Körper des Schauspielers dann, wenn der Zuschauer (▸ S. 67) das ablesen kann, was der Spieler sich vorstellt, wahrnimmt oder darstellen will. Mit seinem Körper als Ausdrucksmittel gestaltet der Spieler Vorgänge (▸ S. 61) und Figuren (▸ S. 60).

➼ Beispielübung 25: Tiere raten

B.1.6 — Stimmliche Ausdrucksmittel erschließen und erweitern

Die Stimme ist – wie man schnell feststellt, wenn man sich schauspielerisch mit ihr beschäftigt – ein Teil des Körpers. Wie er ist sie vom Atem und damit von Spannung und Entspannung abhängig (▸ Atem, S. 42). Auch die Stimme benutzen wir im Alltag in vielerlei Hinsicht sehr eingeschränkt und den gesellschaftlichen Konventionen folgend. Doch auf der Bühne gibt es meist keinen Grund, den Konventionen zu folgen. Um sich die Möglichkeiten der Stimme (für das Schauspielen) vor Augen zu führen, kann man sich ihre Dimensionen vergegenwärtigen. Sie hat viele Möglichkeiten eines Musikinstrumentes und noch etwas mehr: Da ist zunächst die Dynamik zwischen laut und leise. Da ist die Melodik zwischen hoch und tief mit all den nuancenreichen Möglichkeiten in der Satzmelodie. Da ist die Rhythmik mit ihren Tempi, Pausen und den rhythmischen Charakteristiken. Und wir können den Klang der Stimme variieren: hart, weich, voll, gepresst, knarrend, behaucht, nasal, tremolierend und so weiter. Dazu kommen Vokalisationen, die Gefühle übermitteln können (schluchzen, seufzen, stöhnen, räuspern, weinen, lachen). Schließlich ist auch wieder der Atem ein Gestaltungsmittel, wenn er hörbar oder unhörbar, kurzatmig oder langsam fließend eingesetzt wird (▸ S. 42). Zu all dem kommen noch Lippen- und Zungengeräusche. Diese Aufzählung soll die Möglichkeiten umreißen, die in unserer Stimme liegen. Auch hier ist es wichtig, zunächst die eigenen Möglichkeiten zu erforschen, mit der Stimme zu experimentieren und sich ihrer zu versichern. Dadurch erweitert man sein Ausdrucksspektrum schon beträchtlich. Neue stimmliche Möglichkeiten zu trainieren ist dann ein wesentlich langwierigerer Prozess, für den im Theaterprojekt meist die Zeit fehlt. Trotzdem ist es gut, wenn der Theaterpädagoge auch hier über Methoden verfügt. Eine schöne Möglichkeit ist, Atmosphären statt mit Musikeinspielungen (▸ Ton, S. 65) mit der Stimme bzw. mit mehreren Stimmen zu erzeugen. Diese Möglichkeit hat das Roy-Hart-Theater zur Vollendung gebracht (Pikes[11]).

➛ Beispielübung 26: Drei Geräusche, die man noch nie gemacht hat, wiederholbar machen

B.1.7 — Nachahmung

Augusto Boal verwendet sehr viele Übungen, in denen die Nachahmung eine zentrale Rolle spielt. Zu der Übung »Doppelspiegel« (Boal[1], S. 210) wird erklärt: »Wichtig ist, die Bewegung so getreu und synchron wie möglich nachzuahmen.« Bei der Übung »Maskenreigen« (Boal[1], S. 218) »nennt der Übungsleiter einen [...] Namen [eines Teilnehmers] und alle beginnen, diesen nachzuahmen. Dann wird der Name eines zweiten genannt, und alle ahmen diesen Teilnehmer nach, bis jeder an die Reihe gekommen ist.« (Boal[1], S. 218) In der Übung »Der Amsterdamer Clown« (Boal[1], S. 223) lässt Boal seine Teilnehmer sich gegenseitig karikierend nachahmen. Die Teilnehmer sollen hier also bestimmte Merkmale durch Übertreibung herausarbeiten. Boal verwendet die Begriffe »nachahmen« und »reproduzieren« als Synonyme: »[...] der Spiegel soll Gesten und Mimik des Gespiegelten so genau reproduzieren, dass ein Zuschauer Nachahmer und Nachgeahmten kaum auseinander zu halten vermag.« (Boal[1], S. 209) Auch an anderer Stelle wird »Reproduzieren« im Sinne von »Nachahmen, Spiegeln« gebraucht: »Es kann vorkommen, dass alle Mitglieder einer Gruppe ein einziges Bild formen, das von der Gruppe gegenüber reproduziert wird. Die beiden Gruppen sind gleichzeitig ›Spiegel‹ und ›Gespiegelte‹.« (Boal[1], S. 211) Weil Boal eine solche Vielzahl von Nachahmungs-Übungen beschreibt, kann angenommen werden, dass er das Nachahmen als eine wichtige Kompetenz für das Schauspielen ansieht. Das Theater will Menschen und ihr Verhalten zeigen. Es abstrahiert und entwickelt wiedererkennbare typische Figuren. Werden aber immer die gleichen Figuren gezeigt, dann entstehen langweilige Klischees. Dies findet das Publikum meist nicht interessant (▸ Das Publikum erreichen, S. 73). (Ein beliebtes Klischee ist es beispielsweise, alte Menschen mit einem Stock darzustellen. Haben ältere Leute, wenn sie gehbehindert sind, heutzutage nicht eher einen »Rollator«? Und sind ältere Leute heute nicht eher sportlich? Es kann für die Bühne ergiebiger sein, das zu zeigen.) Klischees kann man vermeiden, indem man Menschen studiert: sie beobachtet und versucht, sie möglichst genau nachzuahmen. Will der Spieler eine Figur entwickeln (▸ S. 57), versucht er häufig einen Tick zu erfinden. Dabei stößt man schnell an die Grenzen der eigenen Phantasie oder man rutscht in Klischees. Durch Beobachtungen kann man sich inspirieren lassen. Die Ideen wirken dann oft realistischer und origineller und nicht so »ausgedacht«. Auch bei der Probe kann man von seinen Mitspielern lernen. Man steht beispielsweise am Anfang der Probe oft im Kreis – hier kann man verschiedene Arten sehen, wie man dastehen kann (▸ Körperlichen Ausdruck, S. 43). Nachahmung ermöglicht es dem Spieler, sein Ausdrucksrepertoire zu erweitern. Man kann am besten spielen, was man gut beobachtet (▸ S. 40) hat.

➻ Beispielübung 14: Spiegeln

B.1.8 — Umgang mit Requisiten

Wenn immer möglich, sollten wirkliche Requisiten verwendet werden. (Ein pantomimisches Spiel mit vorgestellten Requisiten ist buchstäblich eine Kunst für sich – diese Kunst zu erlernen braucht viel Zeit.) Requisiten können Inspirationsquelle sein und wichtige Spielimpulse geben (Stanislawskij[12]: S. 369 f.: »Theorie der physischen Handlung«). Wie die anderen Mittel im Theater auch, soll jedes verwendete Requisit nicht nur Illustration oder schmückendes Beiwerk sein, sondern möglichst eine Funktion haben – das heißt, zu Spiel und Handlung führen.

Benutzt man Requisiten als Ausdrucksmittel, dann ermöglichen sie das Zeigen innerer Vorgänge (▸ S. 61): Man kann Gefühle ausdrücken oder auch eine Entscheidungsfindung spielen. Requisiten sind also Mittel, um etwas zu erzählen und die Geschichte auf subtile Weise voranzutreiben. Für das Spiel mit Requisiten, spielt der Rhythmus (▸ S. 48) eine entscheidende Rolle.

➵Beispielübung 27: Alltägliche Handlung mit verschiedenen inneren Haltungen

B.1.9 — Raum: Position, Gänge, Abstand, Richtung

Ein weiteres grundsätzliches theatrales Ausdrucksmittel ist die Beziehung des Körpers zum Raum. Welche – vor allem emotionalen – Wirkungen entstehen, wenn der Spieler zentral vorn am Bühnenrand oder hinten, links oder rechts steht, kann man mit den Spielern ausprobieren. Weitere wichtige Gestaltungsmittel sind der Abstand zwischen den Schauspielern, wie auch die (Blick-) Richtung von Kopf, Brust und Becken, die Grundsätzliches über die Beziehung zwischen den Figuren aussagen. Auch Höhenunterschiede der Köpfe (zum Beispiel durch einen Thron oder durch das Niederknien einer Figur) sind ein wichtiges Mittel um Beziehungen sichtbar zu machen. Weitere Möglichkeiten bieten Auftritte und Gänge. Martin Luserke – ein Pädagoge, der in den 1920er Jahren mit Laien Theater gemacht hat – hat die Auftrittsrichtung als ein zentrales Mittel seiner Inszenierungen beschrieben (Martin Luserke[3]). In theaterpädagogischen Projekten wird man oft auf das vorhandene Gefühl der Schauspieler für den Umgang mit dem Raum aufbauen oder der Leiter übernimmt die Funktion des Regisseurs und arrangiert die Raumbezüge.

➵ Beispielübung 28: 9-Punkte-Spiel

B.1.10 — Zeit, Rhythmus, Timing

Der Rhythmus in der Schauspielkunst ist schwerer zu fassen als in der Musik. Der Rhythmus eines Tieres – sagen wir eines Huhns – ist sehr viel unregelmäßiger als es musikalische Rhythmen in der Regel sind. Jedes Tier und jeder Mensch sind durch typische Bewegungs- und stimmliche bzw. sprachliche Rhythmen charakterisiert. Figuren sind demnach durch bewusst eingesetzte Rhythmen schauspielerisch charakterisierbar (▸ Über den Körper auf die Psyche einwirken, S. 59). Auch ein Vorgang (▸ S. 61) kann rhythmisch variiert und damit auch in seiner emotionalen Wirkung unterschiedlich gestaltet werden. Darüber hinaus führt eine abwechslungsreiche rhythmische Gestaltung eines Theaterstückes dazu, dass das Publikum aufmerksam bleibt (▸ Das Publikum erreichen, S. 73). Mit der Gestaltung von Rhythmen hat der Schauspieler also ein wirksames Mittel in der Hand. Auch beim Zusammenspiel der Spieler entsteht ein Rhythmus, den man bewusst gestalten kann. Obwohl hierbei immer ein klarer Fokus vorhanden sein muss, kann dieser auch sehr schnell hin- und herwechseln (▸ S. 71). Augusto Boal berücksichtigt offenbar, dass man in einem theaterpädagogischen Projekt meist nicht die Zeit hat, solche schauspielerischen Mittel wie den Umgang mit dem Rhythmus umfassend zu entwickeln und vertraut auf das, was die Schauspieler mitbringen: »Während der Probe mit Text versuchen die Darsteller, einer jeden Szene den Rhythmus zu verleihen, den sie als besonders angemessen empfinden« (Boal[1], S. 234). Auf der anderen Seite sind die Rhythmen, in denen wir leben, meist unbewusst (▸ Wahrnehmen, Selbstwahrnehmung, Bewusstheit, S. 40). Unsere eigenen Rhythmen sind sehr stark konventionalisiert. Anfänger verwandeln sich auf der Bühne oft nur wenig, weil sie ihre privaten Rhythmen nicht verändern können. Es ist ein lohnendes Ziel, seinen Spielern einige der Möglichkeiten zu eröffnen, die in der bewussten Gestaltung des Rhythmus und des Timings stecken.

➻ Beispielübung 32: »Ha«-Kreis

B.1.11 — Spannung

Spannung ist ein wichtiges Mittel, um das Publikum zu erreichen (▸ S. 73). Dabei spielt Spannung im Theater auf verschiedenen Ebenen eine Rolle. Zunächst entsteht Spannung durch die Geschichte, die erzählt wird. Hier geht es meist um eine verdeckte Information (Wie geht es aus? Wer hat es getan?) (▸ Dramaturgie und Montage des szenischen Materials, S. 87). Der Schauspieler erzeugt mit seinem Spiel ebenfalls Spannung. Ein wichtiges Mittel ist hier zum Beispiel der Rhythmus (▸ S. 48). Wir wissen, wie spannend eine Pause sein kann. Auch die Spannung im Körper (▸ Körperlichen Ausdruck erschließen und erweitern, S. 43) hat etwas mit dieser Spannung zu tun. Sie vermittelt einen Ausdruckswillen. Ein Schauspieler hat auf der Bühne meist eine höhere Grundspannung als im Alltag. Spannung liegt auch in der Aufmerksamkeit des Schauspielers. Sie hat in der Regel auf der Bühne eine höhere Intensität (▸ Wahrnehmen, Selbstwahrnehmung, Bewusstheit, S. 40). Eines der großen Wunder des Theaters ist, dass das Publikum mit fast allem, was der Schauspieler tut, in Resonanz geht: Ist der Schauspieler gespannt, dann ist es das Publikum auch.

➻ Beispielübung 28: 9-Punkte-Spiel

B.1.12 — *Phantasie/Vorstellungskraft/Inspiration/kreatives Denken*

Wie bei jeder Kunstform spielen Phantasie und kreatives Denken als besondere Fähigkeiten des Menschen auch in der Arbeit mit dem Medium Theater eine Schlüsselrolle. Sie sind gleichermaßen Voraussetzung, wie sie durch die Kunstausübung entwickelt werden. Theaterpädagogik nutzt und fördert das kreative Potenzial der Spieler. Während das Profitheater sehr stark arbeitsteilig organisiert ist, haben die Teilnehmer eines Theaterprojektes nicht nur die Aufgaben eines Schauspielers. Das führt bei theaterpädagogischen Projekten manchmal zu Irritationen: So sehen die Teilnehmer den Theaterpädagogen anfangs oft in der Rolle des Regisseurs und sich selbst entsprechend in der Rolle der nur Ausführenden. Im Idealfall prägen die Teilnehmer aber das gesamte entstehende Stück mit ihren Ideen. Der Theaterpädagoge setzt deshalb gezielt Methoden ein, um den Teilnehmern Inspirationsquellen zu erschließen, die zu szenischen Umsetzungen führen können. Das Theater ermöglicht es (wie jedes Erzählen, wie Kunst überhaupt), Alternativen zur Realität zu entwerfen. Theater und Kunst haben dadurch ein progressives Potenzial (▸ Das Publikum erreichen, S. 73). Theater als soziale Kunst bezieht diese utopische Tendenz auf das Zusammenleben. Beziehungen und Verhaltensweisen werden bewusst wahrgenommen. Sie können dadurch mit Hilfe der Phantasie verändert werden. Für das Schauspielen ist Vorstellungskraft nötig, um auf der Bühne eine Welt zu erschaffen und die Vorstellung davon aufrechtzuerhalten. Das »Was-wäre-wenn?«, das Handeln »als-ob« als eine besondere Eigenschaft des Theaters wird durch die

Vorstellungskraft erzeugt und aufrechterhalten. Der Spieler erschafft eine Fiktion aus der physischen Realität und den Wahrnehmungen und Handlungen, die sich daraus ergeben. Einerseits kann sich ein Schauspieler an einen Tisch setzen und dort ganz real etwas essen oder er misst ganz real seine Kräfte mit denen eines anderen Spielers. Andererseits »erschafft« der Schauspieler einen großen Teil der Fiktion durch seine (mit den anderen Schauspielern synchron arbeitende) Vorstellungskraft. Er stellt sich zum Beispiel das Ambiente eines Zimmers vor, eine Situation oder einen Partner. Der Schauspieler benutzt sozusagen die Realität als Sprungbrett für die Phantasie. Sind aus Ideen Entwürfe geworden, die durch die Vorstellungskraft und das körperliche Spielen auf der Bühne umgesetzt worden sind, dann braucht man wieder die Phantasie und das kreative Denken, um die Entwürfe auszuwählen und zu montieren (▸ Dramaturgie und Montage des szenischen Materials, S. 87). Johnstone arbeitet heraus, wie sehr unsere Vorstellungskraft von Angst (▸ S. 22) behindert werden kann: »Vorstellung ist sowenig anstrengend wie Wahrnehmung, außer wenn wir befürchten, sie könnte ›falsch‹ sein. Eben dies zu glauben wird von unserer Erziehung gefördert.« (Johnstone[2], S. 136) Er kommt zu dem Fazit: »Ein Künstler muss akzeptieren, was seine Phantasie ihm eingibt, sonst zerstört er sein Talent.« (Johnstone[2], S. 189)

➻ Beispielübung 29: Einen Raum erschaffen

B.1.13 — Lernen, eine Szene zu gestalten/Drehpunkte

Die Teilnehmer eines theaterpädagogischen Projektes arbeiten – im Unterschied zum Profitheater – nicht nur als Schauspieler. Sie tun auch Dinge, die im Profitheater Aufgaben des Dramaturgen, des Autors, des Bühnen- oder Kostümbildners oder des Regisseurs sind. Eine wichtige Kompetenz ist das Gestalten von Szenen. Für erste spielerische Umsetzungen ist Improvisation erforderlich (▸ S. 34). Dies führt auch dazu, dass die Spieler aus der Perspektive der Figur heraus denken, dass das Handeln und das, was gesprochen wird, aus diesem Denken heraus erfolgt und dass die Vorgänge (▸ S. 61) der Szene eine innere Logik erhalten.

Ein wichtiges Gestaltungsprinzip ist der Drehpunkt. Damit ist im zeitlichen Verlauf die Stelle gemeint, an der für mindestens eine Figur ein unvorhergesehener Umstand eintritt. Die Figur muss auf diesen neuen Umstand reagieren. Der Drehpunkt treibt die Geschichte voran (Dramaturgie,▸ S. 87), erzeugt Spannung (▸ S. 50) und trägt dadurch dazu bei, das Publikum zu erreichen (▸ S. 67).

Wird mit einem vorgegebenen Text gearbeitet, dann ist das Interpretieren (▸ S. 54) eine Voraussetzung. Der Rhythmus bzw. das Timing (▸ S. 48) und der Umgang mit dem Raum (▸ S. 48) müssen gestaltet werden. Auch Ideen für das Bühnenbild können hier entstehen (▸ S. 64). Wird die Szene festgelegt, dann ist es wichtig, sie wiederholen zu können (▸ S. 71). Will man seinen Spielern das Medium Theater als künstlerisches Ausdrucksmittel nahebringen, dann wird man ihnen vermitteln, wie sie eigene Themen setzen und diese in szenische Ideen umsetzen können. Sie werden auf diese Weise zu Autoren. Dies ist eine Voraussetzung für die Stückentwicklung (▸ S. 83).

➻ Beispielübung 30: Szene nach einer Vorgabe

B.1.14 — Text sprechen/Interpretieren

Schauspieler gestalten ihr Spiel meist nach Vorgaben. Die Vorgaben können aus einem geschriebenen Text abgeleitet sein oder aus einem szenischen Ergebnis, das während der Proben herausgearbeitet wurde. Oft entstehen sie aus der Logik der erzählten Geschichte. Beim Umsetzen der Vorgaben muss der Schauspieler interpretieren, denn die Vorgaben sind unvollständig, gemessen an dem, was der Schauspieler auf der Bühne tut: Wie er sich bewegt, wie er seine Stimme einsetzt, wie er seine Figur gestaltet – all das ist oft Ergebnis einer künstlerischen Auseinandersetzung mit von außen kommenden Vorgaben. Zudem muss das Spiel eines jeden Spielers mit dem Spiel der anderen ein Ganzes bilden (▸ Zusammenspiel der Figuren, S. 60). Ist der Text vorgegeben, muss der Schauspieler diesen »rechtfertigen«: Er muss zeigen, warum dieser Text gesprochen wird. Er versucht, herauszufinden – er interpretiert –, welche Gedanken hinter den Worten stehen. Dazu müssen die Ziele der Figur entdeckt oder erfunden werden. Will man mit vorgegebenem Text arbeiten (man kann alternativ den Text z. B. bei der Aufführung improvisieren ▸ S. 82), steht man vor der Aufgabe, den Text sprachlich zu gestalten. Das Profischauspiel hat dafür ein großes Spektrum unterschiedlicher Schulen und Techniken (wie z. B. den Untertext) entwickelt. Hier liegt ein wichtiges Aufgabenfeld der Theaterpädagogik, weil man Anfängern diese Techniken nicht schnell beibringen kann. Aus diesem Grund hört sich Theater mit Nichtprofis oft wie »aufgesagt« an. Oft wird vergeblich versucht – seit Jahrhunderten ein Problem im Schultheater –, über »Betonung« zu einem besseren Ergebnis zu kommen. Auch das »Künstliche-Gefühle-erzeugen-Wollen« – in der Art: »Sag das mal trauriger.« – ist zu unkonkret, als dass es zu befriedigenden Ergebnissen führt. Im Alltag läuft der Denk-Sprech-Prozess in der richtigen Reihenfolge ab: Zuerst läuft ein Denkprozess ab, der dann ausformuliert wird; das Ergebnis ist der gesprochene Satz. Oft wird auch noch während des Sprechens gedacht, was den Sprechduktus beeinflusst. Wie der Satz gesprochen wird, hängt von vielen Dingen ab: von der Situation, dem Statusunterschied der Personen, dem Alter, der Tageszeit und so weiter. Die Sätze, die wir im Alltag sprechen, sind durch unsere Gedanken und Gefühle »gefärbt« und an der Atmung, an der Stimme merkt das Gegenüber, wie der Satz gemeint ist. (In einem »Guten Tag« kann mitschwingen: »Ich bin gespannt, wie Ihre Entscheidung ausfällt.«, »Ich weiß, ich komme zu spät.« oder »Ich hau dir gleich eine rein.«) Ist der Text vorgegeben und »auswendig« gelernt, dann ist es möglich, diesen Satz einfach aufzusagen, ohne darüber nachzudenken. Deshalb klingen die Texte, die von Nichtprofis gesprochen werden, oft so unnatürlich: Hier wird etwas gesprochen, das als fertiger Satz im Kopf abgespeichert wurde und nicht Ergebnis eines Denkprozesses ist. Eine Möglichkeit, dieser Problematik zu begegnen, ist, den Text so zu sagen, als würde man vorher denken. Das ist durch Beobachtung (▸ Wahrnehmen, S. 40) der Alltagssprache tatsächlich möglich – doch dazu braucht man entsprechend viel Erfahrung. Ein Weg, der ohne zu großen Aufwand zu guten Ergebnissen führt, ist das Denken innerhalb der Situation. Dieses kann man wiederum sehr gut durch Improvisation (▸ S. 34) – also auch durch das Improvisieren von Text – üben. Man spielt die Situation der Szene, ohne den Text gelernt zu haben (Stanislawskij[13]: S. 86 »Vorgeschlagene Situation«). Dazu ist es nötig, zuerst die Situation zu interpretieren und eine Lesart (▸ Einen Ausgangspunkt finden, S. 78) zu entwickeln. Beim Improvisieren sieht man deutlicher als beim Spiel mit gelerntem Text, ob die Szene logisch verläuft. Stanislawskij empfiehlt, zunächst nur den Anfang der Situation vorzugeben, um zu sehen, welche Entwicklung die Szene nimmt. Die Schauspieler gehen selbstverständlich von eigenen Erfahrungen und Empfindungen aus. Handeln die Figuren im Stück anders, dann kann man untersuchen, was die Figur vom privaten Selbst unterscheidet. Diese Methode ist auch für Nichtprofis eine gute Möglichkeit, Motive für das Sprechen der Figur in der Situation zu erkunden (»Text rechtfertigen« – siehe oben). Der Begriff des Künstlerischen Sprechens meint, die stimmlichen Mittel bewusst einzusetzen, um eine bestimmte Wirkung zu erzielen. Dies ist auch ein Mittel, um der Figur einen bestimmten Charakter zu verleihen. Die Grenzen des Stimmeinsatzes sind allerdings auch vom Geschmack des Publikums abhängig (▸ S. 73). Wenn man z. B. Aufnahmen von Schauspielern vom Beginn des vorigen Jahrhunderts hört, so erkennt man an der eigenen Reaktion, dass der Geschmack des Publikums heute stärker vom Naturalismus geprägt ist als damals und deshalb eine viel stärkere Orientierung an der Alltagssprache verlangt.

➵ Beispielübung 31: Text rechtfertigen »Psst ...«

B.2 — Schauspielerische Mittel: Figur und Vorgang

B.2.1 — Eine Figur entwickeln

Jeder Mensch kann mindestens eine Figur spielen: seine »eigene«. Dies wird zum Beispiel in Theaterformen genutzt, die sich der Performance annähern. Doch diese »eigene Figur« ist, wie man schnell merkt, gar nicht so leicht zu spielen. Schnell verändert man sich auf der Bühne unter den Augen von Zuschauern. Das Spiel kann plötzlich verkrampft und unnatürlich wirken. In den Augen der Zuschauer verdoppelt sich die Figur sozusagen, sobald man eine Theaterbühne betritt: Durch die Theaterkonvention nimmt der Zuschauer an, dass der Spieler eine Figur spielt. Dadurch zweifelt der Zuschauer immer daran, ob das, was der Schauspieler – auch wenn er »sich selbst spielt« – über sich behauptet, auch wirklich eine Information über seine private Person ist. In der Regel spielt der Schauspieler im Theater jedoch eine Rolle bzw. eine Figur. Er verwandelt sich. Die Verwandlung ist ein faszinierendes Mittel des Theaters. Sie könnte ihren Ursprung im Schamanismus haben: Der Schamane ist überzeugt davon, sich in einen Geist oder ein Tier zu verwandeln und die Zuschauer sind ebenfalls überzeugt davon, dass der Schamane sich in dieses Wesen verwandelt. Dies sind ideale Bedingungen, um eine Fiktion zu schaffen (wobei es fraglich ist, ob man in diesem Zusammenhang von Fiktion sprechen kann, ist doch die Verwandlung des Schamanen für die Mitglieder der Gemeinschaft Realität). Das heutige Theaterpublikum glaubt zunächst nicht an Verwandlung. Es unterscheidet zwischen der privaten Person des Schauspielers und der bewussten Gestaltung der Figur. Andererseits möchte es verzaubert werden und die Realität vergessen. Es will also erst überzeugt werden (▸ S. 73). Um eine Figur zu erarbeiten, werden zwei Wege unterschieden: den Weg, über die Einwirkung auf die eigene Psyche zum körperlichen Ausdruck zu finden und den, über den Körper auf die Psyche einzuwirken.

B.2.1.1 — Über die Einwirkung auf die Psyche zum körperlichen Ausdruck finden

Der erste Weg scheint den meisten Menschen die natürliche Herangehensweise an die Schauspielkunst. Er wird auch von der (für das Theater allerdings relativ späten) Strömung des Naturalismus gestützt, der die Natur als das Vorbild für die Kunst ansah. Diese naturalistische Schule wurde durch den Schauspielpädagogen Konstantin Stanislawskij entscheidend entwickelt (Lee Strasberg hat Stanislawskijs Lehre nach Hollywood gebracht; im Kino ist der Naturalismus bis heute dominierend, was diesen Weg auch so populär macht). Dieser psychologische Weg hat eine Vielzahl von Techniken hervorgebracht. Eine relativ bekannte Methode ist die »Erkenntnis der Rolle durch Analyse« nach Stanislawskij (Stanislawskij[9], S. 76 ff.). Dabei werden unter anderem die äußeren Lebensverhältnisse und Ereignisse analysiert, die auf das innere Leben der Rolle einwirken. Der Schauspieler entwickelt für seine Figur eine Art Biografie, die Erinnerungen, Wünsche, Ziele, Obsessionen usw. einschließt.

Eine zweite relativ bekannte Methode beruht auf der Nutzung des emotionalen Gedächtnisses, die Lee Strasberg für sein Method Acting von Stanislawskij übernommen und weiterentwickelt hat. Sie besteht in der Erarbeitung einer Art emotionaler Klaviatur: Der Schauspieler lernt, eigene Erlebnisse so intensiv zu erinnern, dass die damit verbundenen starken Emotionen für das Schauspiel nutzbar und wiederholbar (▸ S. 71) werden.

B.2.1.2 — Über den Körper auf die Psyche einwirken

Die andere Möglichkeit, eine Figur zu erarbeiten besteht im umgekehrten Weg – über den Körper auf die Psyche einzuwirken: Der Körper wird hierbei physisch in eine andere Haltung, in einen anderen Zustand versetzt, um auf diese Weise auf die psychischen Vorgänge einzuwirken. Dieser Weg hat seine Wurzeln in älteren Schauspieltraditionen wie dem Maskenspiel (zum Beispiel der Commedia dell'Arte). Hier hatte sich die Kunst sehr stark vom natürlichen Verhalten des Menschen gelöst; die Figuren wurden freier und »künstlicher« gestaltet. Schon Stanislawskij hat erkannt, dass Einwirkungen auf den »physischen Apparat« einfacher sind als die Einwirkung auf den »inneren Apparat«, die »Gefühle« (Stanislawskij[9], S. 49 ff.). Deshalb hat er auch andere Methoden beschrieben, die diesen umgekehrten Weg gehen. Eine dieser Methoden nennt er die Methode der »physischen Handlungen« (Stanislawskij[12], S. 369 f.): Hier wird versucht, das Gefühl (für die Rolle) durch das physische Erleben hervorzurufen. Ein wichtiger Vertreter dieser zweiten Richtung ist Jacques Lecoq, der im 20. Jahrhundert lehrte und sich an alten Schauspieltechniken orientierte. Dymphna Callery schreibt zu dieser Richtung in ihrem Buch »Through the Body«: »Im besten Fall ist jede Form von Theater körperlich. Im einfachsten Fall ist Körpertheater jenes, in welchem in erster Linie mithilfe des Körpers kreiert wird statt mit dem Kopf. Mit anderen Worten: Im Schaffensprozess wird der somatische Impuls dem geistigen vorgezogen. Ob das Produkt ein neu erdachtes Stück ist oder eine Interpretation eines feststehenden Textes, spielt dabei keine Rolle. Das heißt allerdings nicht, dass die intellektuellen Ansprüche hinter der Idee oder dem Text über Bord geworfen werden. Das Intellektuelle wird durch den physischen Einsatz des Körpers erfasst, da, wie Lecoq sagt, ›der Körper Dinge weiß, über die der Geist im Ungewissen ist‹.« (Callery[10], S. 4) Dieser zweite Weg – vom Körper zu den Emotionen – ist oft effektiver. Daher ist er der Weg, der für die Arbeit mit Nichtprofis meist praktikabler ist. Bei Theaterprojekten, in denen nicht genügend Zeit bleibt, Figuren über den einen oder anderen Weg zu entwickeln, versucht man herauszufinden, was die Spieler in Bezug auf das jeweilige Projekt einbringen können und wollen. Man versucht also, das, was die Spieler mitbringen optimal zu nutzen (▸ Umsetzung in szenisches Material: spielbare Elemente, S. 86).

➼ Beispielübung 25: Tiere raten

B.2.2 — Zusammenspiel der Figuren (Beziehung)

Augusto Boal beschreibt mehrere Übungen, um die Partnerbeziehung auf der Bühne zu entwickeln. Solche Übungen sind zum Beispiel »Kommentierte Handlung« (Boal[1], S. 230), »Künstliche Pause« und »Wiederholung der Replik« (Boal[1], S. 231). Zur letztgenannten Übung erläutert Boal: Durch diese Übung »vermeidet [der Spieler] den Rückzug in die eigene Subjektivität und stellt sich auf seinen Partner ein […].« (Boal[1], S. 231) Auch Keith Johnstone hat viele Methoden entwickelt, um zu erreichen, dass die Schauspieler »in enger Beziehung zu ihrem Partner« (Johnstone[2], S. 94) spielen, denn die »Zuschauer können es kaum glauben [...] und es gefällt ihnen, Schauspieler in einer solchen Übereinstimmung arbeiten zu sehen.« (Johnstone[2], S. 233) Die Zusammenarbeit ist also ein Mittel, um das Publikum zu erreichen (▸ S. 73).

Voraussetzung für das Zusammenspiel ist die Wahrnehmung (▸ S. 40). Außerdem muss der Spieler in der Lage sein, Angebote seines Partners – verbaler wie nonverbaler Art – anzunehmen (▸ S. 29).

➵ Beispielübung 33: Lücken füllen

B.2.3 — Vorgänge

Will man auf der Bühne eine Geschichte erzählen, so muss sie (in den meisten Fällen) für den Zuschauer nachvollziehbar und logisch sein (▸ Der Blick von außen, S. 68). Auch jede einzelne Handlung muss logisch und nachvollziehbar erscheinen. In diesem Fall spricht man von einem schauspielerischen Vorgang. Es kann auf der Bühne passieren, dass ein Spieler reagiert, bevor er wahrgenommen hat. Das kann er deshalb, weil er weiß, was geschehen wird – das wirkt auf den Zuschauer aber unlogisch. Eine Technik, um den Handlungsschritten eines Vorgangs eine logische Reihenfolge zu geben, ist, ihn in der Abfolge wahrnehmen – entscheiden – handeln auszuführen, weil es in der Realität meist auch so geschieht. Man kann diese Reihenfolge auf der Bühne auch verändern, um bestimmte Wirkungen zu erzielen. Dies sollte dann aber bewusst geschehen (▸ Wahrnehmen, Selbstwahrnehmung, Bewusstheit, S. 40). Ansonsten entsteht im besten Fall ungewollte Komik, denn der aufmerksame

Zuschauer hat ein sehr genaues Gespür dafür, ob ein Vorgang realistisch ist oder nicht (▸ Das Publikum erreichen, S. 73).
➻ Beispielübung 34: »…, sagte er, und …«

B.3 — Sekundäre Ausdrucksmittel

Theater ist ohne Schauspiel (fast) undenkbar, ohne Ausstattung aber schon. Das Schauspiel ist die zentrale Kunst im Theater. Hinzu kommt, dass Film und Fernsehen dem Theater immer technisch überlegen sein werden. Jerzy Grotowski schreibt 1965 in seinem Text »Für ein armes Theater«: »Wie sehr auch immer das Theater seine technischen Mittel erweitert und ausnützt, es bleibt doch, verglichen mit Film und Fernsehen, technisch minderwertig.« (Brauneck[14], S. 416 f.) Er fragt deshalb: »Was kann Theater, was Film und Fernsehen nicht können?« (Brauneck[14], S. 416) Seine Antwort lautet: »[…] die spürbare, unmittelbare, ›lebendige‹ Kommunikation zwischen Schauspieler und Publikum«. Diese lebendige Kommunikation ist auch Ziel, wenn man mit nichtprofessionellen Schauspielern Theater macht. Die Mittel für die Ausstattung sind bei dieser Arbeit – schon im Vergleich zum Profitheater, erst recht im Vergleich zum Film – meist sehr begrenzt. Man sollte daher die vorhandenen Mittel effizient einsetzen: Sie sollten das Spiel und damit »die spürbare, unmittelbare, ›lebendige‹ Kommunikation zwischen Schauspieler und Publikum« fördern. Dabei ist zu beachten, dass diese Ausdrucksmittel ihre eigenen Möglichkeiten haben. Sie sollten nicht einfach die Aussage des Schauspiels doppeln oder illustrieren, sondern ihr etwas hinzufügen, sie kommentieren oder sogar eine kontrastierende Aussage machen. Dies macht das künstlerische Ergebnis interessanter und vielschichtiger (▸ Das Stück ausarbeiten, S. 91). Wenn es möglich ist, eine Ausstattung herzustellen, ergeben sich hierzu die folgenden Überlegungen:

B.3.1 — Kostüme

Oft wird mit dem Schauspielen das Verkleiden assoziiert. Werden eigens Kostüme angefertigt, dann kann dies einen besonderen Reiz entfalten. Wichtig ist allerdings, dass tatsächlich das Schauspiel durch die Kostüme gefördert wird: Die Ausstattung sollte das Spiel nicht behindern oder versuchen, spielerische Mängel durch Opulenz auszugleichen. Ein übertriebener Aufwand in der Ausstattung lässt eine vorhandene Hilflosigkeit dem Schauspiel gegenüber für den Zuschauer nur überdeutlich zu Tage treten. Der Aufwand der Ausstattung sollte sich deshalb immer am Niveau des Spiels orientieren – auch mit »zusammengesuchten« Kostümen kann man sehr gut spielen. Noch etwas sollte man bedenken: Ein Kind, das sich eine Krone auf den Kopf setzt, hört manchmal auf, den König darzustellen. Hat es vorher den Gang und die Gesten des Königs gespielt, dann tut es dies nun plötzlich nicht mehr: »Man sieht ja jetzt an der Krone, dass ich ein König bin.« In diesem Fall sollte überlegt werden, was dem Kind hilft, sein spielerisches Potenzial zu entfalten. Kostüme können – wie eine Maske – das Spiel anregen. Sie sollten deshalb möglichst schon für die Proben genutzt werden (und nicht erst kurz vor der Premiere hinzukommen). Kostüme sollten nicht einfach die Figur illustrieren nach dem Schema »die Oma bekommt ein Kopftuch«. Vielmehr können Kostüme zusätzliche Informationen beinhalten. Die Oma hat vielleicht ein Jackett an – so kann auch Spannung entstehen (▸ S. 50), weil das Publikum nun wissen will, wieso sie so ein ungewöhnliches Kleidungsstück trägt und welche Geschichte dahintersteckt.

B.3.2 — Maske

Die Maske ist als Metapher auf vieles im Theater übertragbar, weshalb sie auch heute noch das Theater symbolisiert. (Auch wenn nur noch selten echte Masken getragen werden.) Sie stammt aus Zeiten, in denen der Mensch durch seine kulturelle Entwicklung zum Menschen wurde. Im Theater steht sie für die Hilfsmittel, die benutzt werden, um zu verwandeln und eine Fiktion zu erzeugen. Viele Dinge werden im Theater wie eine Maske gebraucht: Kostüme zum Beispiel haben eine ganz ähnliche Funktion. Wie diese kann die Maske – die geschminkte Maske wie auch die Maske, die man vor dem Gesicht trägt – für den Spieler eine starke Inspiration sein. Auch sie sollte deshalb möglichst schon für die Proben genutzt werden (und nicht erst kurz vor der Premiere hinzukommen).

B.3.3 — Bühnenbild

Das Bühnenbild sollte ein Spielort sein – das heißt: Das Spiel sollte durch das Bühnenbild befördert und nicht behindert werden. Man sollte sich darin bewegen können, ohne Angst zu haben, etwas kaputt zu machen. Es sollte betretbar und benutzbar sein und dadurch Spielideen fördern. Wie in Kostümen und mit Masken sollte man auch im Bühnenbild möglichst lange proben, da die Ausstattung eine wichtige Inspirationsquelle für das Schauspielen bildet:

Sie bietet sinnliche Anregungen. Viele Ideen für den körperlichen Ausdruck können nur durch das Proben in der Ausstattung entstehen.

B.3.4 — Licht

Das Licht hat sich im (Profi-)Theater zu einer eigenen Kunstform entwickelt. Wie weit man hier bei der Arbeit mit nichtprofessionellen Spielern gehen kann und möchte, ist sicher auch von den Zeit- und Geldressourcen abhängig. Grundsätzlich bringt schon ein einfacher Scheinwerfer wesentlich mehr Theateratmosphäre als das normale Deckenlicht. Da die Technik in den letzten Jahren relativ preiswert geworden ist, ergeben sich aber viele weitere Möglichkeiten. Man sollte auch hier experimentieren: Mit der Richtung des Lichtes kann man starke Wirkungen erzielen (Seitenlicht, Gegenlicht usw.). Dazu kommen Farben und Fokussierung. Eine weitere Ausdrucksmöglichkeit ist das Spiel mit Schatten. Auch hier gilt aber: Das Schauspiel ist stets das Wichtigste und seine Wirkung sollte durch Licht nicht überlagert, sondern gesteigert werden.

B.3.5 — Ton

Toneinspielungen und Musik können die Handlung ebenfalls unterstützen und Atmosphären schaffen. Dieses Mittel ist zu empfehlen, weil der Aufwand gering ist – eine Tonanlage ist meist verfügbar – und die Wirkung oft sehr stark. Auch hier gilt: Der Ton sollte nicht einfach nur illustrieren, also nicht dieselbe Aussage einfach noch einmal machen (gruslige Szene – gruslige Musik). Vielmehr sollte auch dieses Mittel einen Mehrwert bieten, zum Beispiel etwas ironisch brechen oder eine bevorstehende Wendung andeuten. Wenn die Möglichkeit besteht, so sollten – dem Live-Charakter des Theaters entsprechend – auch die Geräusche und die Musik live erzeugt werden. Das hat den Vorteil, dass die Sounds auf das Geschehen auf der Bühne reagieren können. Zum Beispiel können diejenigen Spieler, die nicht auf der Bühne stehen, durch Geräusche Atmosphären erzeugen (▸ Stimmliche Ausdrucksmittel erschließen und erweitern, S. 44).

B.3.6 — Video

Video als für das Theater relativ neues und starkes Ausdrucksmittel sollte gezielt eingesetzt werden. Die Möglichkeiten dieses Mediums können hier nicht nur annähernd umrissen werden. Ich möchte nur beispielhaft darauf hinweisen, dass man damit interessante Zeitsprünge schaffen kann, indem die Schauspieler, die auf der Bühne auftreten, auch im Video zu sehen sind. Für Video gilt, was für die anderen Mittel, mit denen man im Theater »erzählt«, auch gilt: Das Medium sollte eine konkrete Funktion haben, um das Spiel und die Geschichte zu fördern.

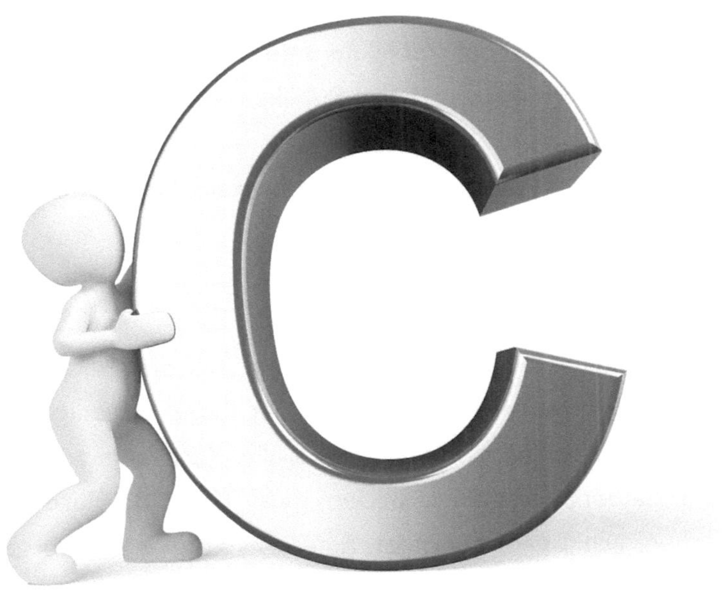

Für Publikum erzählen: Wie kann man die Zuschauer erreichen?

Das Publikum betreffend gibt es zwei Aspekte: Erstens muss man dafür sorgen, dass das Publikum dem Geschehen auf der Bühne folgen kann. Das ist mehr der technische Aspekt (▸ folgender Abschnitt). Andererseits will das Publikum unterhalten werden. Das ist mehr der künstlerische Aspekt (▸ Das Publikum erreichen, S. 73).

C.1 — Dafür sorgen, dass das Publikum dem Geschehen auf der Bühne folgen kann

C.1.1 — Der Blick von außen

Bei der Probe sollte jemand das Geschehen aus der Perspektive der Zuschauer beurteilen – das macht in der Regel derjenige, der die Regie führt: Er versucht, mit dem Blick aller Zuschauer zu sehen und zu entscheiden, was man verändern muss, damit die Zuschauer das verstehen, was beabsichtigt ist. Einerseits können die Vorgänge auf ihre Wirkung hin beurteilt werden und andererseits kann das Stück im Ganzen danach beurteilt werden, ob die Zusammenhänge der einzelnen Teile, der dramaturgische Aufbau (▸ Dramaturgie und Montage des szenischen Materials, S. 87), in der gewünschten Weise nachvollziehbar sind. Hier ist auch ein Beobachter, der nicht in die Arbeit involviert ist (der also nicht »betriebsblind« ist) sehr wertvoll. Auch das Schauspielen lernt man zu einem großen Teil durch Beobachtung: Man sieht von außen, auf welche Weise der beobachtete Schauspieler bestimmte Wirkungen erzeugt, aber auch, was nicht funktioniert (▸ Wahrnehmen, Selbstwahrnehmung, Bewusstheit, S. 40). Indem man über die Beobachtungen spricht, wird neben der sprachlichen Ausdrucksfähigkeit vor allem die Genauigkeit der Beobachtung entwickelt. Dies ist außerdem eine wichtige Rückmeldung für den Schauspieler, der gerade gespielt hat.

➸ Beispielübung 35: Auswertungsgespräch

C.1.2 — Verdeutlichen/Vergrößern/richtiges Maß

Will man für ein Publikum spielen (das ist in der Theaterpädagogik nicht immer so – siehe Jeux Dramatiques[16]), dann ist man im Modus des Zeigens. Es genügt nicht, seine Rolle und die Vorgänge zu spielen und selbst Erfahrungen zu machen, man muss diese Erfahrungen auch dem Publikum zugänglich machen. Dazu muss man z. B. die wichtigen Eigenschaften der Figur besonders hervorheben. Die Vorgänge werden in der Regel deutlicher, größer, prononcierter ausgeführt als im täglichen Leben. Schon die Sprache muss meist lauter und deutlicher sein. Sicher verzeiht es der Zuschauer eher, wenn die Sprache zu deutlich und zu laut ist, als wenn man nichts versteht. Doch auch das übertriebene Spiel ist problematisch, denn es erinnert das Publikum dauernd daran, dass es Theater ist, was es sieht – es zerstört also die Illusion (▸ Das Publikum erreichen, S. 73). (Es gibt auch Theaterformen, wo das beabsichtigt ist.) Man muss also in vielerlei Hinsicht das richtige Maß finden. Manchmal genügt auch eine kleine Andeutung und jeder im Publikum freut sich, weil er meint, nur er habe es entdeckt.

➸ Beispielübung 36: Vergrößern im Kreis

C.1.3 — Sprechtechnik

Wer auf der Bühne sprechen will, ist mit dem Problem der Bühnensprache konfrontiert. Anfänger sprechen auf der Bühne zunächst oft wie im täglichen Leben – wenn sie sich gegenseitig aus der Zuschauerperspektive auf der Bühne sprechen hören, wird aber schnell klar, dass man vieles nicht versteht. Die Sprache muss also den Erfordernissen der (jeweiligen) Bühne angepasst sein. Das Ergebnis wird als Bühnensprache bezeichnet. Um die Verständlichkeit zu erhöhen, kann man die Schauspieler zunächst anhalten, lauter zu sprechen. Die Verständlichkeit verbessert sich dadurch vor allem auch deshalb, weil man, wenn man lauter spricht, mehr Spannung für die Artikulation verwendet und auf diese Weise automatisch besser artikuliert. Augusto Boal hat unter seinen »Stimmübungen« folgende Übung vermerkt: »Wir artikulieren die Vokale a, e, i, o, u in Richtung auf einen Partner, der auf uns zugeht oder sich entfernt, nach rechts oder nach links ausweicht.« (Boal[1], S. 201) Boal verfolgt in seiner Theaterarbeit also offenbar das Ziel, die Artikulation zu verbessern. Verständlichkeit erreicht man vor allem durch prägnante Artikulation. Dafür sind die Lippen, die Zunge und der Unterkiefer mit der dazugehörigen Muskulatur zuständig. Ist genügend Zeit dafür vorhanden, dann sollte der Theaterpädagoge diese drei »Sprechwerkzeuge« von Beginn der Proben an regelmäßig zumindest aktivieren.

➻ Beispielübung 37: Artikulationsübungen für Lippen, Unterkiefer und Zunge

C.1.4 — Fokus

Sieht man ein Theaterstück, dann gibt es auf der Bühne immer einen Punkt, auf den das Publikum (hoffentlich) seine Aufmerksamkeit richtet. Dies wird im Theater Fokus genannt. Die Schauspieler müssen lernen, diesen Fokus zu erzeugen, indem sie darauf achten, dass (in der Regel) auf der Bühne nicht zwei Dinge gleichzeitig passieren. Durch einen klaren Fokus führt man die Aufmerksamkeit des Publikums und erreicht so, dass es alles verstehen kann.

➛ Beispielübung 10: »Wusch!«

C.1.5 — Zug um Zug

Eng verbunden mit dem Fokus ist das Prinzip »Zug um Zug«: Um die Vorgänge nachvollziehbar zu machen, müssen die Schauspieler in der Regel »Zug um Zug« spielen. Das bedeutet, dass die Handlungen klar nacheinander ausgeführt werden, so dass der Zuschauer die Handlungsschritte mitvollziehen kann. Dadurch erreicht man, dass auch im zeitlichen Ablauf immer ein klarer Fokus (▸ vorheriger Abschnitt) erkennbar ist.

➛ Beispielübung 34: »…, sagte er, und …«

C.1.6 — Wiederholbarkeit

Um ein Stück (mehr oder weniger) festzulegen, müssen die Darsteller die Fähigkeit erlernen, Szenen zu wiederholen. In der Arbeit mit nichtprofessionellen Spielern macht man häufig die Erfahrung, dass Szenen beim ersten Mal sehr überzeugend wirken, wohingegen bei der Wiederholung die Qualität stark abfällt. Man muss allerdings damit rechnen, dass nicht alles wiederholbar ist. Eine Technik, um eine Szene zu Wiederholen und dabei ein mechanisches Spiel zu vermeiden besteht darin, auch bei der Wiederholung genau wahrzunehmen (▸ S. 40) und wirklich auf den Partner zu reagieren (▸ Zusammenspiel der Figuren, S. 60). Diese Fähigkeit kann man durch Übung verbessern. Das »affektive Gedächtnis« ist eine weitere Technik, die ein lebendiges Wiederholen von Szenen ermöglicht. Augusto Boal will mit den Übungen »Gedächtnis: sich an gestern erinnern« (Boal[1], S. 236) und »Gedächtnis-Emotion: ein Tag aus der Vergangenheit« (Boal[1], S. 237) offenbar die Erinnerungsfähigkeit entwickeln: »Der Übungsleiter fordert uns auf, uns an den gestrigen Abend zu erinnern.« (Boal[1], S. 236) »Ich vergegenwärtige mir einen Tag aus meiner Vergangenheit, vergangene Woche oder vor zwanzig Jahren, als etwas vorgefallen ist, was mich sehr beeindruckt hat, was mich heute noch bewegt [...].« (Boal[1], S. 237) Das Ziel »Unser ›Sinnesgedächtnis‹ wieder[zu]erwecken« (Boal[1], S. 174), wie es in den Vorbemerkungen zu »Übungen und Spiele [...]« (Boal[1], S. 169) formuliert wird, oder »Das Sinnesgedächtnis [zu] entwickeln« (Boal[1], S. 176) (in der ersten Überschrift der »Übungen und Spiele [...]«) wird später von Boal wieder aufgegriffen und konkretisiert: Wahrscheinlich meint Boal damit, »unsere körperlichen Empfindungen noch einmal [zu] erleben« (Boal[1], S. 236) oder »Einzelheiten aus der Erinnerung mit körperlichen Empfindungen zu koppeln.« (Boal[1], S. 237) Denn mit den körperlichen Empfindungen sind für Boal die Emotionen verbunden – er schreibt im gleichen Zusammenhang über den »Kopiloten«, der dem sich erinnernden Teilnehmer zur Seite gestellt wird: »Der Kopilot [...] versucht, sich das gleiche Erlebnis vorzustellen, mit all seinen Einzelheiten, ver-

sucht die Emotion nachzuempfinden, das Sinnesempfinden nachzuerleben.« (Boal[1], S. 237) Das affektive Gedächtnis oder Gefühlsgedächtnis geht auf Konstantin S. Stanislawskij zurück. Es war für ihn eine wichtige Technik des Schauspielers und eng mit der Wahrhaftigkeit der Darstellung verbunden (Stanislawskij[12], S. 147 ff.). Es ist nicht nur für die Wiederholbarkeit, sondern auch für die Erarbeitung einer Figur (▸ S. 57) oder eines Vorgangs (▸ S. 61) bedeutsam. Wie schon im Zusammenhang mit dem Teilziel Phantasie erläutert (▸ S. 51), erschafft der Schauspieler die Fiktion auf der Bühne mithilfe seiner Vorstellungskraft. Um die Fiktion glaubhaft zu machen, muss sie in gewissem Maße mit der Realität übereinstimmen. Der Schauspieler muss hierfür auf seine Erfahrungen und Beobachtungen zurückgreifen können, um zu überzeugen.
➼ Beispielübung 23: Wanderung durch die Sinne

C.2 — Das Publikum erreichen

Das Theater hat das Ziel, für Publikum zu spielen. Wie das Publikum erreicht werden kann, darüber gehen die Meinungen der Theatermacher auseinander, was kaum verwunderlich ist: Es gehört ja gerade zum Künstlersein, dass man seinen eigenen Weg zum Publikum findet. Keith Johnstone formuliert die Ansicht, dass man dieses Ziel insbesondere dadurch erreichen kann, dass die Schauspieler »wahrhaftig« spielen: »Ich erinnere mich an eine Schauspielerin, die zu einem Mann, der im ›Wald‹ lag, hingehen und ihn nach dem Weg fragen sollte. Die anderen waren beeindruckt und meinten, ihre Darstellung sei sehr wahrhaftig gewesen.« (Johnstone[2], S.

315 f.) Offenbar aus einem ähnlichen Grund sieht er die Möglichkeit, das Publikum dadurch zu erreichen, dass die Schauspieler die Emotionen, die ausgedrückt werden, tatsächlich erleben. So beschreibt er Greta Garbos Vermögen, Emotionen zu erleben und darzustellen, als Ideal: »Sie reagierte spontan mit Gefühl und Wärme, und was sie empfunden hat, fühlten auch die Zuschauer [...].« (Johnstone[2], S. 320). Eine dritte Möglichkeit sieht er in der guten Zusammenarbeit der Schauspieler: »[...] es gefällt [den Zuschauern], Schauspieler in einer solchen Übereinstimmung arbeiten zu sehen.« (Johnstone[2], S. 233). Das Publikum kann sicher durch ganz verschiedene Aspekte der Aufführung erreicht werden: Es kann das Thema sein, die Spannung (▸ S. 50), die Spielfreude oder die Intensität der Atmosphären. Das Publikum möchte überzeugt, bewegt, berührt werden. Humor ist – wenn er funktioniert – eine wunderbare Brücke zum Publikum. Dazu soll hier nur soviel gesagt werden: Humor entsteht im Theater erfahrungsgemäß selten nur aus dem geschriebenen Text heraus. Er wird eher beim Proben in der erarbeiteten Situation entdeckt. Oft lacht man, weil ein Fünkchen Wahrheit offenbart wird.

Insgesamt kann man vielleicht sagen, dass man das Publikum dann nachhaltig erreicht, wenn es – direkt oder stellvertretend durch die Darsteller – eine wichtige Erfahrung machen kann. Ob man Erfolg hat, hängt auch sehr von den Erwartungen des Publikums ab. Deshalb sollte man schon im Rahmen der Werbung oder mit Handzetteln im Zuschauerraum über das Stück informieren und erfüllbare Erwartungen wecken. Neben dem Feedback, das man während der Aufführung vom Publikum bekommt und dem verdienten Applaus ist es gerade für die künstlerische Entwicklung von Nichtprofis wichtig, auch verbales Feedback zu bekommen (▸ Der Blick von außen, S. 68). Der Theaterpädagoge gibt zwar Feedback. Es ist aber auch wertvoll und motivierend, wenn die Schauspieler auch einmal aus anderem Munde eine Meinung zu ihrem Spiel hören. Deshalb werden bei Theaterprojekten manchmal Publikumsgespräche direkt an die Aufführung angeschlossen. Stücke aus theaterpädagogischen Projekten erleben in der Regel nicht viele Aufführungen. Nach der sechsten Aufführung lassen Motivation und Spannung erfahrungsgemäß nach. Aus den Erfahrungen der Aufführungen und den Auswertungen kann die Motivation für ein neues Stück entstehen. Es ist zu wünschen, dass eine Gruppe, die ein Stück bis zur Aufführung gebracht hat, die Möglichkeit bekommt, die hier gesammelten Erfahrungen in einem zweiten Stück umzusetzen, um im ersten Stück unerfüllt gebliebene Wünsche zu verwirklichen.

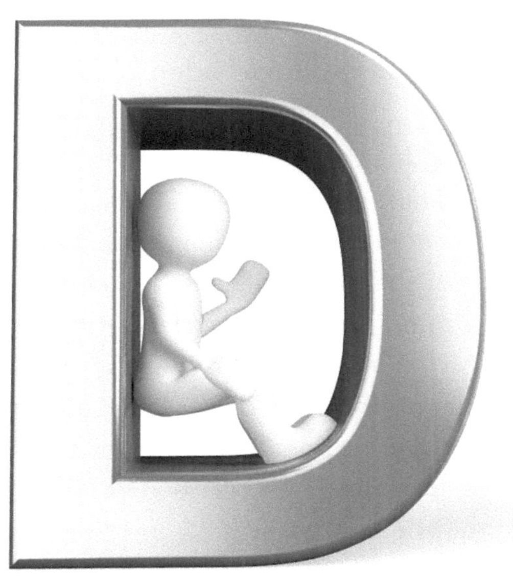

Eine Geschichte – Das Stück entsteht

Folgende Fragen sollen in diesem Kapitel beleuchtet werden: Wie kann ich eine Geschichte finden, die sich für meine Spieler eignet? Wie entsteht das Theaterstück?

D.1 — Einen Ausgangspunkt finden

Die theaterpädagogische Theaterarbeit mit Nichtprofis unterscheidet sich grundsätzlich von der Arbeit des Profitheaters: Im Profitheater wird in der Regel zuerst (vom Intendanten und seinen Dramaturgen) als Ausgangspunkt das Stück festgelegt. Hier stehen Überlegungen zum Spielplan und damit zum Publikum im Vordergrund. Danach wird ein geeigneter Regisseur gesucht, der das Ensemble kennenlernt und dann die für das Stück geeigneten Schauspieler auswählt. Die geeigneten Darsteller sind durch ihre Ausbildung und ihre Erfahrung fähig, sich dem Stück anzupassen. Das Stück wird produziert: Alles, was für das Stück benötig wird, wird bereitgestellt. Das Stück (genauer: die Lesart des Stückes durch den Regisseur) als Ausgangspunkt gibt also die Form vor. Alles andere passt sich dieser Form möglichst genau an. Beim Theater mit Nichtprofis ist es umgekehrt: Hier gibt es in der Regel am Anfang Menschen, die Theater spielen wollen. Für diese Menschen braucht man ein passendes Stück. Dazu muss man nicht nur wissen, wie viele Schauspieler man hat, wie viele männliche und weibliche Rollen das Stück haben muss, sondern – was viel wichtiger ist – man muss wissen, was die Schauspieler können und vor allem auch, was sie wollen. Ist im Profitheater die Inszenierung eines vorhandenen Stückes die Regel, so wird bei der Arbeit mit nichtprofessionellen Spielern fast immer das Stück entwickelt: Das Stück wird der Gruppe angepasst. Herauszufinden, was die Wünsche und Bedürfnisse der Spieler sind, ist ein sehr wichtiger Schritt, – hängt doch davon die Motivation der Spieler ab (▸ Motivierung, S. 19). Sie können, anders als im Profitheater, jederzeit abspringen, wenn sie etwas tun müssen, was sie nicht wollen. Sie wollen Theater spielen, das ist klar. – Was genau sie darunter verstehen, kann aber sehr unterschiedlich sein. Am Anfang treffen manchmal hohe Erwartungen mit geringer Theatererfahrung zusammen. Zwischen diesen Polen gilt es zu vermitteln. Eine Möglichkeit, zu einem Ausgangspunkt zu kommen, besteht darin, ein Thema zu setzen. Dies erfordert viel Erfahrung, denn das Thema sollte die Teilnehmer inspirieren und genügend Entwicklungsmöglichkeiten bieten, damit es über längere Zeit spannend bleibt. Kennt der Theaterpädagoge seine Spieler zu diesem Zeitpunkt noch nicht, dann sollte das Thema so offen sein, dass die unterschiedlichen Bedürfnisse der Teilnehmer sich darin entfalten können. Der Theaterpädagoge kann einen solchen Ausgangspunkt auch in Gesprächen mit den Spielern herausfinden. Bei Diskussionen besteht aber die Gefahr, dass die Herzensthemen der Spieler hinter intellektuellen Themen verborgen bleiben oder dass man sich durch das Diskutieren emotional voneinander entfernt. Gerade am Anfang sollte die Gruppe aber zueinander finden und Vertrauen aufgebaut werden (▸ S. 24). Besser ist es, die Spieler zuerst zum Spielen zu bringen und dann aus dem Gespielten einen Ausgangspunkt abzuleiten. Für dieses »ins Spielen bringen« sind oft formale Vorgaben hilfreich, um nicht von vornherein die persönlichen Themen des Theaterpädagogen in die Gruppe zu tragen. Formale Vorgaben macht man den Spielern zum Beispiel, indem man ihnen Techniken des Improvisierens beibringt. Die Spieler probieren das Annehmen von Angeboten (▸ S. 29) aus, müssen sich dabei aber die Szenen-Inhalte selbst einfallen lassen. Diese Inhalte geben wichtige Hinweise auf die Interessen der Spieler, weil sie spontan und ohne Absicht entstehen. Die sich dabei zeigenden

Ausgangspunkte sind oft viel direkter und ehrlicher als die, auf die man sich in Diskussionen einigt. Zwar muss der Theaterpädagoge eine klare Planung haben, um den Teilnehmern Sicherheit zu geben – er muss aber auch bereit sein, seine Vorbereitung und seine Pläne anzupassen, um mit seinem Wissen und Können die Spieler darin zu unterstützen, ihre eigenen Themen zu finden.
Kristallisiert sich im Spiel ein Ansatz heraus, dann kann der Theaterpädagoge einen Ausgangspunkt formulieren und der Gruppe damit eine Richtung vorschlagen. Ist die Gruppe mit diesem Ausgangspunkt einverstanden, dann gibt es verschiedene Möglichkeiten, weiterzuarbeiten. Der Theaterpädagoge kann ein fertiges Drama vorschlagen (▸ folgender Abschnitt) oder ein Stück entwickeln (▸ S. 83). Bei der Stückentwicklung gibt es zwei Varianten für Ausgangspunkte: Entweder kann ein inhaltlicher Ausgangspunkt gewählt werden oder der Theaterpädagoge schlägt eine Form vor: eine Spielweise, einen Stil oder eine bestimmte Arbeitsweise (▸ Thema/Spielgrundlage/Stoff, S. 84).

D.2 — Erarbeitung des Theaterstückes

D.2.1 — Theaterstück (Drama) – ein fertiger dramatischer Text

Zu dem gefundenen Ausgangspunkt kann ein passendes Stück gesucht werden. Der Vorteil eines fertigen dramatischen Textes ist der Halt und die große Sicherheit, die er den Spielern und auch dem Theaterpädagogen gibt. Dies ist wichtig, wenn das Vertrauen, dass das Ziel – die Erarbeitung des Stückes – erreicht wird, noch nicht stark genug ist, – sieht man doch schon am Anfang sehr klar, worum es im fertigen Stück gehen wird. Viele Entscheidungen sind durch den Text schon getroffen und als implizite Informationen enthalten: So kann man das Thema erkennen, das der Autor bearbeitet und bereits erzählerisch umgesetzt hat. Die Handlung ist (meist) dramaturgisch schon so aufgebaut, dass ein Spannungsbogen entsteht. Dieser Bogen setzt sich aus dramatisch wirksamen Dialogen, Monologen usw. zusammen, aus deren Inhalt und Duktus Hinweise auf die Figuren ablesbar sind. »Die kreative Auseinandersetzung mit einer [...] fremden Spielvorlage böte demnach den nicht zu unterschätzenden Vorteil, dass Spieler und Spielleitung als ›Arbeits‹material auf eine ausgereifte Handlung sowie fest umrissene Rollenprofile zurückgreifen können, die zudem hinsichtlich Inhalt und Form eine gewisse literarische Qualität aufweisen [...].« (Weintz[4], S. 344) Aufgabe des Theaterpädagogen ist es hier, das Thema des Stückes und die Motive der Figuren mit den Spielern zu erarbeiten und szenische Umsetzungen dafür zu finden. Letztlich muss ein Regiekonzept entwickelt und verwirklicht werden. Es besteht allerdings die Gefahr, dass sich der Regisseur zum Regiedespoten entwickelt und die Schauspieler nur noch bessere Marionetten im Dienst der Vorstellungen des Regisseurs sind. Dies zu umgehen erfordert viel Erfahrung. Hier zeigen sich auch schon Nachteile dieser Arbeitsweise für die Theaterarbeit mit nichtprofessionellen Spielern: ein wichtiges Ziel ist es ja, die Spieler zu befähigen, den künstlerischen Prozess selbst zu gestalten. Zudem ist die Arbeitsweise des Inszenierens gerade für Schauspiel-Anfänger schwierig, weil sie (noch) nicht über die nötigen Techniken verfügen, um mit einem (fremden) Text sprachlich umzugehen, sowie aus einem vorgegebenen Text eine Figur zu entwickeln. Eine Inszenierung wie am Profitheater ist deshalb in den allermeisten Fällen mit nichtprofessionellen Spielern nicht erfolgversprechend. Darüber hinaus ist es schwierig ein Stück zu finden, das einerseits zu dem gefundenen Ausgangspunkt, also den Bedürfnissen der Gruppe passt und andererseits auch der Gruppengröße und Geschlechterverteilung entspricht. Will man dennoch ein fertiges Drama inszenieren, so findet man weiterführende Hinweise z. B. bei Stanislawskij oder Ebert[17]. In der Theaterarbeit mit nichtprofessionellen Spielern werden aus den genannten Gründen oft eigene Stücke entwickelt, bei denen die Teilnehmer vom Thema über die Geschichte bis zu den Figuren und der Ausstattung ihre eigenen Vorstellungen entwickeln und umsetzen können. Es gibt aber auch Zwischenformen und Übergänge zwischen Inszenierung und Stückentwicklung, die für die theaterpädagogische Arbeit geeignet sind.

D.2.2 — Zwischenformen zwischen Inszenierung und Stückentwicklung

D.2.2.1 — Das improvisierende Spiel in einem aus einem Theaterstück abgeleiteten Rahmen

Bei Molière oder Goldoni kann man den Übergang von der Commedia dell'Arte, die improvisiert wurde und dadurch den Schauspielern während des Spielens eine große Gestaltungsfreiheit einräumte, zum ausgefeilten, wörtlich festgelegten Stück sehen. Diese Entwicklung kann man zugunsten einer größeren Gestaltungsfreiheit der Spieler wieder umkehren: Die einzelnen Szenen eines beliebigen Stückes werden nach dem Vorbild eines Canavaccio[18] formuliert – das heißt, es wird analysiert, was in der jeweiligen Szene passieren muss, damit die Handlung des Stückes die gewünschte Richtung nimmt. Es wird also kein fertiger Text gelernt, sondern diese kurz zusammengefasste Handlung dient den Spielern als Gerüst, um ihre Improvisationen zu entfalten, ihre Figur zu entwickeln, eigene Worte zu finden usw. Das improvisierende Spiel innerhalb eines aus einem Theaterstück abgeleiteten Rahmens ist auch für nichtprofessionelle Spieler ein erfolgversprechendes Mittel. Man kann den Schauspielern hier auch die Freiheit lassen, für die Aufführung eigene Worte zu gebrauchen. Das bewirkt, dass die Spieler auf der Bühne nicht aufhören, aus ihrer Figur heraus zu denken, da der Denk-Sprech-Prozess hier richtig herum abläuft: Im Alltag denken wir (normalerweise) zuerst und sprechen dann. Bei der Inszenierung hingegen liegt zuerst der Text vor, der Schauspieler muss also die Gedanken, die hinter dem Sprechen stehen (er-)finden und dann den Text entsprechend sprachlich gestalten (▸ Text sprechen/Interpretieren«, S. 54). Einfacher ist es deshalb, bei der Arbeit mit nichtprofessionellen Spielern mit einem Canavaccio zu arbeiten, weil der Schauspieler hier aus der Motivation der Rolle heraus denkt, spricht und handelt.

D.2.2.2 — Vorgegebene Geschichte, die den eigenen Bedürfnissen angepasst wird

Noch mehr Freiheit bietet die Möglichkeit, eine Geschichte zu suchen, die den Interessen der Schauspieler entgegenkommt und die Motive der Geschichte dann zu »umspielen«: Ideen und Erfahrungen der Spieler fließen in die Geschichte ein. Sie wird den Interessen der Spieler angepasst. Der Stoff kann sich dadurch verändern. Oft bekommt das Stück wegen der eingeflossenen Themen auch einen anderen Titel. Eine vorgegebene Geschichte an die Bedürfnisse einer Gruppe anzupassen ist – je nachdem, wie frei man mit der Geschichte umgeht – der Stückentwicklung sehr nah. Der Übergang ist fließend.

D.2.3 — Stückentwicklung

Entscheidet man sich für die Stückentwicklung, dann wird sozusagen das gesamte Bauwerk eines Theaterstückes – das Thema, die

Dramaturgie, die Art der Sprache usw. – zur Gestaltung freigegeben. Dadurch eröffnen sich viele Möglichkeiten für die Spieler, sich einzubringen. Die Gruppe kann ihre eigenen Themen setzen und ihre eigene Art finden, ein Theaterstück zu bauen. Ein Stück, das so entsteht spiegelt auf vielen verschiedenen Ebenen den Charakter, die Interessen und die Phantasie der Gruppe wieder.

D.2.3.1 — Thema/Spielgrundlage/Stoff

Für die Stückentwicklung kann ein inhaltliches oder ein formales Thema gewählt werden.

D.2.3.1.1 — Inhaltliches Thema

Als inhaltliches Thema können verschiedenste Quellen genutzt werden. Hier besteht die Aufgabe des Theaterpädagogen darin, durch seine Methoden gedankliche Türen bei den Spielern zu öffnen. Er kann vorschlagen, dass die Spieler an einen Film, eine Geschichte, ein Buch, ein Hörspiel, ein Märchen, ein Theaterstück oder ein Bild denken, das ihnen im Zusammenhang mit dem Ausgangspunkt einfällt (▸ Einen Ausgangspunkt finden, S. 78). Auch aus einem Satz oder aus einem einzelnen Wort kann ein Theaterstück entwickelt werden. Wie site specific performances können sich auch Theaterstücke mit einem Ort beschäftigen. Einen besonderen Ausgangspunkt hat einmal Ad de Bont (Bont[19]) gewählt: er hat ein Theaterstück aus Zeichnungen entwickelt. Augusto Boal beschreibt eine Übung, mit der er über die Erinnerung zu einem Ansatzpunkt für die Theaterarbeit kommt: »Ich vergegenwärtige mir einen Tag aus meiner Vergangenheit, vergangene Woche oder vor zwanzig Jahren, als etwas vorgefallen ist, was mich sehr beeindruckt hat, was mich heute noch bewegt, [...]. Jeder Teilnehmer bekommt einen ›Kopiloten‹, dem er dieses Erlebnis schildert [...].«

(Boal[1], S. 237) Diese Erinnerungen dienen dann als Ausgangspunkt für die szenische Arbeit: »Alles, was ich mir sitzend [...] vorgestellt habe, spiele ich mit Hilfe der anderen Teilnehmer durch.« (Boal[1], S. 238) Theaterpädagogen nutzen oft die Erinnerung für die Themensuche: Durch ihre selektive Funktion ist sie dafür besonders geeignet. Die Filterwirkung des Gedächtnisses bewirkt, dass Dinge gespeichert werden, die für die Spieler bedeutsam sind.

D.2.3.1.2 — Formales Thema

Es ist aber auch möglich, für eine Stückentwicklung einen formalen Einstieg zu wählen. So kann sich die Gruppe zum Beispiel darauf einigen, ein Maskenstück, Bildertheater oder ein symbolistisches Theaterstück zu entwickeln. Auch die Entscheidung, Theatersport bzw. Improvisationstheater zu machen ist eine formale Entscheidung. Ein Vorteil eines formalen Ansatzes ist, dass die Gruppe sich nicht inhaltlich auf ein Thema einigen muss: Jeder Spieler hat die Freiheit, länger nach den für ihn wichtigen Inhalten zu suchen, wobei ihm die Formvorgabe Halt gibt.

D.2.3.2 — Recherche

Ein gewählter Ausgangspunkt (▸ Einen Ausgangspunkt finden, S. 78) kann eine Recherche erfordern. Bei politischen oder gesellschaftlichen Themen zum Beispiel sind gründliche Recherchen notwendig, um auf dem Stand des derzeitigen Diskurses zu sein. Allerdings besteht durch die Recherche auch die Gefahr, dass die Theaterarbeit »verkopft« – das heißt, dass man zu viele »interessante« Informationen, die man recherchiert hat, an den Zuschauer übermitteln will. Dadurch können die spezifischen Mittel des Theaters (wie Figur, Beziehung, Körper, Stimme, Rhythmus, Raum) in den Hintergrund gedrängt werden. Haben die Teilnehmer wenig Theatererfahrung, dann rutschen sie durch zu viele Informationen schnell in ihnen vertraute Formen, wie die des Vortrags.

D.2.3.3 — Umsetzung in szenisches Material: spielbare Elemente

Ist das Thema gefunden (sei dieses inhaltlicher oder formaler Art) und wurde (wenn nötig) recherchiert, dann muss das Thema nun ausgelotet, verbreitert, ausgestaltet werden. Auch hier ist das Nachdenken über das Thema und das theoretische Entwerfen von Szenen möglich. Man kann ein ganzes Stück zu einem Thema am Schreibtisch erstellen – allerdings weiß man dann noch nicht, ob und wie die ausgedachten Szenen körperlich-räumlich und auch sinnlich wirken. Es ist daher zu empfehlen, in die praktische Arbeit zu gehen. Hier gibt es mehrere Möglichkeiten: Man kann zum Beispiel das Erzählen nutzen. Auch die Methode des Statuentheaters von Augusto Boal ist geeignet. Man kann selbstverständlich auch direkt Szenen entwerfen und improvisierend (▸ S. 52) ausprobieren. Es werden also – um eine Parallele zur bildenden Kunst zu ziehen – »Skizzen« angefertigt. Diese Skizzen sind spielbare Elemente. Sie sind nicht theoretisch, sondern haben eine zeitlich-räumliche und eine sinnliche Dimension. Das hat den Vorteil, dass man sieht, ob dieses Element wirkt; man kann besser abschätzen, welches Potenzial es hat. Außerdem geben diese Elemente Auskunft darüber, was die Schauspieler können und vor allem darüber, was sie wollen (▸ Einen Ausgangspunkt finden, S. 78). Im Vergleich zu dem des Profischauspielers ist das Ausdrucksspektrum des Nichtprofis meist schmaler. Was aber noch stärker ins Gewicht fällt, ist, dass der Nichtprofi vieles von dem, was er kann, nicht tun will. Es ist nicht erfolgversprechend, jemanden zu überreden oder gar zu zwingen, gegen seinen Willen etwas auf der Bühne zu tun. Auf der Bühne kann nur das überzeugen, was mit Überzeugung gespielt wird (▸

Das Publikum erreichen, S. 73). Das was ein Spieler gespielt hat, zeigt auf der praktischen Ebene, was er kann und was er spielen will. Solch ein ausprobiertes Element kann man weiterentwickeln, denn der Spieler ist in der Regel mit dem Inhalt des Elementes einverstanden. Die Elemente lassen sich als Ganzes verwenden, oder man entnimmt ihnen einzelne Teile: zum Beispiel eine Figur oder einen besonders gelungenen Satz. Je mehr Zeit für das Erspielen von Material zur Verfügung steht, desto besser. Je mehr Material zur Verfügung steht, desto mehr hat man später zur Auswahl. Das entstehende Material muss in einer geeigneten Form protokolliert werden. Meist genügen einige Worte, denn die Gruppe wird sich an die Szene erinnern. Wenn diese einen Eindruck hinterlassen hat, ist das ein Hinweis darauf, dass sie eine besondere Qualität aufweist. Es ist nützlich, den Szenen einen Titel zu geben. Im »kollektiven Gedächtnis« der Gruppe entsteht so ein gemeinsamer Pool von Szenen, die abrufbar sind. Dies eint auch die Gruppe (▸ Zusammenarbeit, S. 28), denn diese Arbeitsergebnisse sind ihr ganz persönliches Eigentum.

D.2.3.4 — Dramaturgie und Montage des szenischen Materials

Für die Montage des szenischen Materials, das protokolliert vorliegt, gibt es zunächst zwei Möglichkeiten: Die Montage kann durch den Theaterpädagogen erfolgen oder die Teilnehmer selbst komponieren das Material. Hat der Theaterpädagoge dramaturgische Erfahrung, dann verspricht seine Montage eine hohe Qualität. Die zweite Möglichkeit hat hingegen den Vorteil, dass die Schauspieler ihr Material auf ihre eigene Weise interpretieren. Oft versteht der Theaterpädagoge – zum Beispiel bei der Arbeit mit Kindern – eine Szene anders als die Spieler selbst. Dementsprechend verwenden die Spieler ihre Szenen bei der Montage anders. Außerdem können die Teilnehmer hier noch einmal maßgeblich in die Entstehung des Stückes eingreifen und es auch in seinem Gesamtaufbau mit ihrer eigenen Logik und Phantasie prägen (gerade Kinder entfalten an diesem Punkt des Prozesses oft sehr interessante und eigenwillige Erzählweisen). Zur Montage selbst kann man zunächst sagen, dass die meisten Menschen genügend Geschichten gehört oder Filme gesehen haben, um ein gewisses Gespür dafür zu haben, was eine gute Geschichte ist und wann eine Geschichte eine innere Logik hat. Außerdem wird die Montage sehr stark durch das vorhandene Material bestimmt. Ein wichtiges Thema beim dramaturgischen Aufbau ist die Spannung. Es gibt verschiedene Möglichkeiten, Spannung aufzubauen (▸ S. 50). Meist entsteht Spannung dann, wenn im Zuschauer eine Frage entsteht – zum Beispiel: »Wer war der Mörder?« oder »Was kann Atréju tun, um das ›Nichts‹ aufzuhalten? usw. Nach der Art dieser Frage könnte man dann von Ob-Spannung, Was-Spannung, Wie-Spannung (die von Hitchcock sehr weit entwickelt wurde) usw. sprechen. Eine Frage entsteht in der Regel durch eine unvollständige Information. Auch ein Unterschied der Informiertheit verschiedener Figuren kann Spannung erzeugen (z. B. Othello und Desdemona[20]). Einige Montagemöglichkeiten sollen hier genannt werden.

D.2.3.4.1 — Collage

Die Szenencollage wird in der theaterpädagogischen Praxis (im Vergleich zum Profitheater) häufig verwendet. Ihr Vorteil besteht darin, dass man das vorhandene Material relativ frei montieren kann. Außerdem kann man die »Rollen« ohne größere Schwierigkeiten gerecht verteilen, weil es keine Hauptfiguren (»Hauptrollen«) gibt. Das Publikum ist an diese Form jedoch meist nicht gewöhnt, deshalb verlässt es eine solche Aufführung oft etwas hilflos (▸ Das Publikum erreichen, S. 73). Zudem ist die Collage eine sehr anspruchsvolle Form. Es erfordert viel Erfahrung, auf verschiedenen Ebenen assoziative Bezüge zwischen den einzelnen szenischen Elementen herzustellen und so ohne Handlungsfaden eine Spannung zu erreichen.

D.2.3.4.2 — Hauptfigur – Protagonist

Den »roten Faden«, mittels einer Hauptfigur zu schaffen, ist die wohl am meisten verbreitete Möglichkeit. Man kann Szenen sehr gut verbinden, wenn eine Figur sozusagen durch alle diese Szenen hindurchgeht. Beispiele sind »Hans im Glück« oder »Hamlet«. An diese Form sind die meisten Zuschauer gewöhnt.

D.2.3.4.3 — Aristotelischer Spannungsbogen

Wie an den dramaturgischen Aufbau mit einer Hauptfigur ist das Publikum in unserem Kulturkreis vor allem auch an einen Aufbau nach der aristotelischen Dramentheorie gewöhnt. Die meisten Hollywood-Filme funktionieren nach diesem Muster: Die Handlung strebt auf einen Höhepunkt zu, der meist kurz vor dem Ende erreicht wird (z. B. beim »Showdown« im Actionfilm). Danach fällt die Spannung steil ab. Zu diesem Aufbau gehört das retardierende Moment. Damit ist eine Wendung in der Handlung gemeint, die einen anderen Ausgang der Handlung, als er bisher vom Publikum angenommen wurde, möglich erscheinen lässt: Das Unausweichliche erscheint für einen Moment auch anders lösbar. Es ist empfehlenswert, das retardierende Moment zu verwenden, wenn man den aristotelischen Spannungsbogen benutzt. Das Stück wird dadurch wesentlich »dialektischer«. Irene Flemming beschreibt in ihrem Buch »Theater ohne Rollenbuch« eine weitere Möglichkeit, den Aufbau eines Stückes nach dem aristotelischen Muster interessanter zu machen: Sie beschreibt die sogenannte Vorahmung, die in den Theaterstücken von Shakespeare erkennbar sei. Damit meint sie ein Geschehen im Stück, das den Höhepunkt des Stückes in abgeschwächter Form vorwegnimmt.

D.2.3.4.4 — Handlungsrahmen

Eine weitere Möglichkeit, das szenische Material zu komponieren, besteht darin, einen Rahmen zu schaffen. Dies findet sich zum Beispiel bei Michael Endes »Unendlicher Geschichte«: Bastian sitzt auf einem Dachboden und liest in dem Buch. Was er liest, können sehr verschiedene Dinge sein, die aber für das Publikum dadurch zusammengehalten werden, dass der Autor immer wieder zu Bastian zurückkehren kann, der unter dem Dach sein Buch liest.

D.2.3.4.5 — Adventskalender

Für diese Möglichkeit kann man den Film »Short-Cuts«[21] als Beispiel anführen. Hier werden verschiedene Geschichten erzählt, die alle zeitlich parallel in räumlicher Nähe zueinander passieren. Die Klammer für die verschiedenen Geschichten bildet also hier ein Ort. Die Episoden und Figuren haben immer wieder kleine Berührungspunkte. Dieser dramaturgische Aufbau ist – wie die Collage – eher modern und für das Publikum ungewohnt (▸ Das Publikum erreichen, S. 73), aber meist etwas zugänglicher als die Collage. Diese Form der Montage nenne ich Adventskalender-Montage: ein Haus, durch dessen Fenster man verschiedene Geschichten miterleben kann.

D.3 — Das Stück ausarbeiten

Ist das szenische Material zu einem Theaterstück montiert, so kehrt man zur Bühne zurück. Vieles wird sich jetzt noch verändern, denn das Stück ist noch nicht ausprobiert. Viele Dinge sind auch noch nicht festgelegt: Jeder Schauspieler muss in jedem Moment wissen, was er tun muss. Das Fehlende muss ergänzt und Übergänge von einem Element zum anderen müssen geschaffen werden. Welche Unterstützung, welche »Brücken« und »Griffe« brauchen die Schauspieler, um von A nach B zu kommen? Das Konzept beruht zwar auf erprobtem Material, aber das Material steht nun in anderem Zusammenhang. Dadurch hat es sich verändert und muss nun durch Proben angepasst werden. Wichtig ist auch, dass das Material nun »verschlankt« wird, das heißt: Die Vorgänge werden nun konkretisiert, verdeutlicht und auf das Wesentliche reduziert. Auch die Figuren müssen nun meist noch konkretisiert werden. Gerade dann, wenn man mit einer Hauptfigur arbeitet, muss diese oft ein ganzes Spektrum an Eigenschaften aufweisen, um die verschiedenen Szenen miteinander verbinden zu können. Aber auch jede andere Figur kann mit Eigenschaften angereichert werden, damit der jeweilige Schauspieler eine konkretere Vorstellung von seiner Figur bekommt. Die Ausstattung ergibt sich zum Teil aus den bei den spielbaren Elementen verwendeten Materialien, wie Requisiten und Kostümen. Dazu kommt Bühnenbild, eventuell Licht und Ton.
Die Ausstattung sollte sich immer am Spiel orientieren. Sie sollte nicht nur das Schauspiel unterstützen, sondern eigene Aussagen machen. (▸ Sekundäre Ausdrucksmittel, S. 62) Ein wichtiges Ziel in diesem Stadium ist es auch, den Ablauf wiederholbar zu machen (▸ S. 71). Ist das Stück fertig geprobt und sind alle zusätzlichen Mittel wie Ausstattung, Licht und Ton eingefügt, dann sollte dies alles in

einer Generalprobe getestet werden. Mindestens einmal einen Trockendurchlauf durchzuführen – ohne Publikum, aber vollständig und mit dem Versuch, dieselbe Konzentration herzustellen, als wäre Publikum da –, dies fördert auch das Vertrauen der Schauspieler untereinander, dass die Aufführung gelingt (▸ Vertrauen, S. 24).

D.4 — Aufführung

Für eine Aufführung muss Publikum in einer geeigneten Form eingeladen werden. Je nach Größe des Projektes kann das Stück über verschiedene Medien beworben werden. Besonders gut hierfür geeignet und zudem kostengünstig sind E-Mail-Verteiler und soziale Netzwerke. Auch Plakate sind möglich, wobei deren Wirkung erfahrungsgemäß relativ klein ist. Ist der Tag der Aufführung gekommen, muss die Bühne vorbereitet werden. Alles, was gebraucht wird, muss – wie schon in der Generalprobe – bereit sein. Eine Liste für Requisiten und Kostüme tut hier gute Dienste. Die Schauspieler sollten mit Übungen aufgewärmt werden, die sie schon kennen. Eine letzte Ermutigung – und es geht los. Bei der Aufführung kann im Idealfall eine ganz besondere Energie oder Atmosphäre entstehen. Im Flamenco und im Stierkampf spricht man von »duende« – einem besonderen Moment. Man kann alles tun, um die besten Voraussetzungen für die Aufführung zu schaffen. Und manchmal entsteht dann etwas, das über alles Erwartete hinausgeht …

Anhang

Beispielübungen

➳Beispielübung 1: Gemeinsam erzählen, wie die Aufführung aussehen wird

Um ein ungefähres Bild von dem Ergebnis, der Aufführung, zu entwerfen und damit die Motivation zu stärken, kann man die Spieler erzählen lassen, wie sie sich die Aufführung vorstellen. (»Wenn du Menschen für den Bau eines Schiffes begeistern willst, so erzähle ihnen vom Meer.«) Das Erzählte sollte immer das vorher Gesagte mit einbeziehen. Alles was gesagt wurde, ist gesetzt. Man kann die Übung auch mehrmals machen, um verschiedene Versionen zu erhalten. Die Übung ist für Erwachsene, mit Einschränkungen auch für Jugendliche und Kinder geeignet.

➳Beispielübung 2: »Ha!«

Die Gruppe steht im Kreis, einer steht in der Mitte. Die draußen rufen nacheinander »Ha!« und der in der Mitte muss jeweils demjenigen, der ruft, laut mit »Ha!« antworten. Dabei springt er und dreht sich so, dass er demjenigen, dem er antwortet, möglichst frontal mit Gesicht und Brust gegenübersteht. Die Gruppe sollte sich schon besser kennen, denn es entsteht leicht eine aggressive Stimmung dabei. Die Übung ist für Jugendliche und Erwachsene geeignet.

➳Beispielübung 3: Mein rechter Platz ist leer

Alle stehen im Kreis. Es gibt eine Lücke. Der, der links von der Lücke steht, sagt einen Namen aus dem Kreis. Derjenige, dessen Name gesagt wurde, versucht, so schnell wie möglich außen um den Kreis herum zu der Lücke zu kommen und sich hineinzustellen. Derjenige, der links von dem Gerufenen steht, versucht, dies mit allen ihm zur Verfügung stehenden Mitteln zu verhindern (festhalten, zurücktragen usw.). Schafft er das, dann ist der erste Rufer wieder dran, einen (anderen) Namen zu sagen. Schafft er es nicht, dann muss er einen Namen sagen.

➳*Beispielübung 4: Abklopfen*
Jeweils zwei Teilnehmer klopfen sich gegenseitig von Kopf bis Fuß ab. Am Ende wird der Körper ausgestrichen. Man kann in vertrauteren Gruppen noch weitere Dinge einbauen: das Brustbein beklopfen oder die Ohren kneten lassen. Zuerst wird der eine vollständig »behandelt«, dann wechseln die Partner.

➳*Beispielübung 5: Samurai*
Alle Teilnehmer schauen in eine Richtung (Richtung Bühne, wobei die Bühne nicht erhöht sein muss). Ein Teilnehmer geht auf die Bühne und stellt sich in der Mitte fest auf beide Beine. Er nimmt Blickkontakt mit dem Publikum auf, verneigt sich, zieht ein imaginäres Schwert und hebt es über den Kopf. Dann schreit er und schlägt gleichzeitig einen vorgestellten Holzbalken vor sich durch. Er steckt das Schwert wieder ein, verneigt sich und bekommt einen kurzen Applaus. Er geht ab und der nächste Teilnehmer ist an der Reihe.

➳*Beispielübung 6: »Ich habe noch nie …«*
Alle Spieler stehen im Kreis, strecken die Hände vor und spreizen die Finger. Jetzt sagt jeder reihum etwas, das er noch nie gemacht hat (z. B. »Ich habe noch nie auf der Straße getanzt.«). Alle, die das schon einmal gemacht haben, müssen einen Finger einziehen. Ziel des Spiels ist es, möglichst viele Finger ausgestreckt zu behalten.

➳*Beispielübung 7: Torkelflasche*

Alle stehen im Kreis. Einer steht in der Mitte. Er stellt eine gute Körperspannung her, so dass er sich wie ein Stab umfallen lassen kann. Die Spieler außen fangen ihn auf und stellen ihn wieder senkrecht hin. Er fällt wieder um. Und so weiter. Nacheinander kann jeder dran kommen.

➳*Beispielübung 8: Magische Luft*

Alle stehen im Kreis. Einer nimmt einen Klumpen Luft und formt daraus etwas. Er formt so lange, bis die anderen erraten haben, was er meint. Dann gibt er den Klumpen weiter an seinen Nachbarn.

➳*Beispielübung 9: Duell: den anderen zum Lachen bringen*

Zwei Spieler stehen sich gegenüber. Einer versucht den anderen (durch seine Mimik) zu einem unkontrollierten Lachen zu bewegen. Daraus kann ein Turnier entstehen.

➳*Beispielübung 10: »Wusch!«*

Alle Spieler stehen im Kreis. Man gibt ein gerufenes »Wusch!« im Kreis herum, jeder ist nacheinander an der Reihe. Die Arme schwingen dabei immer von einer Seite auf die andere und erzeugen so eine Welle – immer von der Seite, von der das Wort kommt, zum nächsten Nachbarn. Nun gibt es verschiedene Varianten: Man kann diesen Fluss stoppen und umlenken, indem man – wenn man an der Reihe ist – mit einem Sprung eine Vierteldrehung macht, so dass man frontal dem letzten zugewandt steht, der »Wusch!« gerufen hat. Jetzt ruft man »Ha!«. Der letzte ist jetzt erneut dran und das »Wusch!« setzt sich in die entgegengesetzte Richtung fort. Man kann auch – wenn man an der Reihe ist – mit dem Arm quer durch den Kreis auf jemanden gegenüber zeigen und »Zip!« rufen. Derjenige, auf den gezeigt wurde, ist nun mit einen »Wusch!« dran, das er nach links oder nach rechts richtet. Wenn man an der Reihe ist, hat man noch weitere Möglichkeiten – z. B. »groovelicious!«: Man geht etwas in die Hocke, wedelt mit den Händen kurz über dem Boden und ruft »groo...«. Das machen jetzt alle mit, dann springen alle gemeinsam so hoch sie können und rufen »...velicious!«. Oder man ruft »Monster!«, dann verwandelt sich jeder in einen Außerirdischen, ein Tier oder ein Monster und geht so durch die Mitte des Kreises auf einen Platz gegenüber. Oder man tippt seinem Nebenmann auf den Kopf und ruft »dingdong!«, woraufhin sich dieser einmal um die eigene Achse dreht. Oder man zeigt seinem Nebenmann den Stinkefinger und ruft »fuck you!«. Dieser muss dann mit seinem anderen Nebenmann den Platz tauschen. Man kann sich in der Gruppe noch viele andere Aktionen ausdenken. Nach jeder Aktion hat derjenige, der die Aktion gestartet (z. B. »Monster!« gerufen) hat, noch die Aufgabe, ein »Wusch!« loszuschicken, damit es weitergeht. Diese Übung ist für Kinder und Erwachsene geeignet (Jugendliche finden diese Übung unter Umständen zu albern).

➼ *Beispielübung 11: Sitzkreis*
Alle stehen im Kreis nach rechts gewandt. Jetzt setzt man sich langsam auf die Knie des Hintermannes. Wenn es gelingt, können alle sitzen.

➼ *Beispielübung 12: Schwarm: Dreieck, Linie, Doppellinie*
Alle gehen kreuz und quer durch den Raum ohne sich zu berühren. Auf das vom Spielleiter angesagte Wort »Linie« bilden alle eine Linie, entsprechend bei den Worten »Doppellinie« und »Dreieck«. Danach versucht die Gruppe ohne Ansage auf einen gemeinsamen Impuls hin diese Formationen zu bilden.

➵Beispielübung 13: Eine Geste rechtfertigen

Spieler 1 verharrt in einer Geste (Statue). Spieler 2 kann das Angebot annehmen und eine Szene damit beginnen. Spieler 1 hält zum Beispiel eine Hand mit der Handfläche nach oben. Spieler 2 legt ein Geldstück hinein und sagt: »Aber keinen Schnaps davon kaufen.« Wenn Spieler 2 nichts dazu einfällt, kann Spieler 2 die Geste von Spieler 1 auch in eine neutrale Position zurückführen. Dann ist Spieler 2 mit einer Geste dran. Johnstone beschreibt dieses Spiel in »Theaterspiele« (Johnstone[15], S. 176).

➵Beispielübung 14: Spiegeln

Zwei stehen sich vis-a-vis gegenüber. Einer bewegt sich und der andere versucht, sich zeitgleich spiegelbildlich zu bewegen. Die beiden Partner arbeiten zusammen. Höchstes Ziel ist, dass kein Unterschied und keine zeitliche Verzögerung zwischen Gespiegeltem und Spiegel bestehen.

➵Beispielübung 15: Mit den Augen dirigieren

Zwei stehen sich vis-a-vis gegenüber. Sie sehen sich in die Augen. Der eine führt: Er versucht, den anderen nur mit den Augen zu »dirigieren«. Das heißt, er versucht, den anderen dazu zu bringen, sich hinzusetzen, aufzustehen, rückwärts zu gehen und so weiter.

➵Beispielübung 16: Requisiten entdecken

Eine Übung im Raum, bei der ein Einzelner agiert. Eine Reihe von Gegenständen liegt auf dem Boden; sie sollten unzerstörbar oder nicht wertvoll sein. Der Schauspieler sucht sich einen Gegenstand aus. Er untersucht ihn wie ein kleines Kind – so, als würde er nichts über diesen Gegenstand wissen. Der Rest der Gruppe schaut zu. Er sucht nach Eigenschaften des Gegenstandes, die ihn überraschen und nach möglichst unerwarteten Tätigkeiten, die er mit dem Gegenstand ausführen kann. Der Theaterpädagoge kann, wenn nötig, Hinweise geben, um den Schauspieler in den Prozess hineinzuführen. Man kann dabei erfahren, wie bühnenwirksam es ist, wenn jemand auf der Bühne wirklich wahrnimmt und wirklich eine Erfahrung macht. Man kann die Übung auch von allen gleichzeitig machen und die Entdeckungen dann präsentieren lassen. Diese Übung ist vor allem für Erwachsene geeignet.

➳Beispielübung 17: Freies Assoziieren

Der Theaterpädagoge sagt ein Wort. Derjenige, der links von ihm steht, sagt das erste Wort, das ihm dazu einfällt. Es sollte möglichst ein Substantiv sein. Man kann zum Beispiel in Bildern denken: Sagt jemand »Sonne«, so kann man sich eine Sonne vorstellen und daneben vielleicht ein Flugzeug. Dann sagt man »Flugzeug«. Eine andere Möglichkeit besteht darin, vom Klang her zu assoziieren. Von »Sonne« kommt man dann vielleicht zu »Sinne«. Hat der Nächste sein Wort gesagt, so ist der jeweils links von ihm stehende dran. Es wird immer nur zu dem letztgenannten Wort assoziiert. Das wird zwar nicht immer durchgehalten, sollte aber angestrebt werden.

➳Beispielübung 18: Eine Statue zu einem vorgegeben Thema entwerfen

Augusto Boal hat diese Übung beschrieben, die die Grundlage für das Statuentheater ist: Der Teilnehmer »bezieht Stellung zu einem ganz bestimmten Thema, einem abstrakten Begriff wie ›Imperialismus‹ oder einem konkreten Problem wie der unzureichenden Wasserversorgung. Die Teilnehmer sollen jedoch nicht sprechen, sondern ihre Auffassung des Themas durch Bilder ausdrücken. Jeder fügt die anderen zu einer Skulpturengruppe und bestimmt ihre Haltung bis hin zum Gesichtsausdruck.« (Boal[1], S. 53) An anderer Stelle konkretisiert Boal, wie die Teilnehmer modellieren: »Jeder Bildhauer beginnt, mit seinen Händen die Statue zu modellieren, die er in seiner Vorstellung hat. Er berührt den

Körper seines Gegenübers und verändert Haltung, Gestik, Mimik bis ins kleinste Detail.« (Boal[1], S. 214) Diese Übung ist unter Umständen für Kinder, aber vor allem für Erwachsene geeignet. Jugendliche haben eventuell Schwierigkeiten mit der körperlichen Nähe.

➼ *Beispielübung 19: Gemeinsam erzählen, zu zweit*
Zwei erzählen, zum Beispiel von einem gemeinsamen Urlaub. Sie erzählen abwechselnd, jeder ein paar Sätze. Alles, was der eine erzählt, muss der andere in seiner Erzählung berücksichtigen. Es dürfen sich also keine Widersprüche ergeben oder unlogische Aussagen gemacht werden. Die Übung ist gut für Menschen geeignet, denen logisches Denken leichtfällt.

➼ *Beispielübung 20: Angebote annehmen, zu zweit*
Spieler 1 nimmt eine beliebige Körperhaltung ein (Boal nennt so eine unbewegte Körperhaltung »Statue«). Besonders geeignet sind expressive Statuen, die von konventionellen Körperhaltungen wie einfachem Stehen oder Sitzen stark abweichen. Spieler 2 interpretiert diese Körperhaltung. Das heißt, er legt fest, was sein Partner tut. Dann beginnt er eine Szene. Er spielt selbst eine Rolle und spielt seinen Partner entsprechend der von ihm hineininterpretierten Handlung an. Steht der Partner beispielsweise mit nach vorn gerichtetem Zeigefinger da, dann könnte er selbst einen Schüler spielen und sagen: »Ich war's nicht.« Die Szene sollte kurz angespielt werden, bis die Situation klar ist. Dann macht Spieler 2 eine Statue. Es sollten in kurzer Zeit viele verschiedene Szenen gespielt werden, um das Annehmen von Angeboten zu trainieren. Die Übung ist für alle Zielgruppen geeignet, die mit Sprache umgehen können.

➳*Beispielübung 21: Vorhang öffnen*
Alle stehen im Kreis. Sie fassen pantomimisch einen vorgestellten vor ihnen liegenden Vorhang an und ziehen ihn mit lautem Ächzen nach oben. Dann applaudieren alle gemeinsam. Am Ende der Probe sollte dann der Vorhang wieder geschlossen werden: Man zieht den Vorhang nach unten. Es folgt wieder ein Applaus.

➳*Beispielübung 22: Summen, mit dem ganzen Körper kauen*
Alle stehen im Kreis. Alle beginnen zu summen. Das heißt, die Stimme klingt sanft und ohne Anstrengung. Dann beginnt man zu kauen: Der Unterkiefer bewegt sich. Nach und nach wird der ganze Körper in die Bewegung mit einbezogen: Arme, Kopf, Oberkörper, Beine. Die Übung wärmt die Stimme und den Körper sanft an. Sie ist für Erwachsene geeignet. Kinder und Jugendliche bewältigen diese Übung meist erst nach einiger Zeit ohne kichern zu müssen.

➳*Beispielübung 23: Wanderung durch die Sinne*
Die Schauspieler legen sich auf den Boden. Sie entspannen sich, so dass sie mit einer möglichst großen Fläche ihres Körpers den Boden berühren (»wie Kartoffelbrei breit fließen lassen«). Sie nehmen ihren Atem wahr, dann verschieben sie ihre Aufmerksamkeit zum Gehör: Sie versuchen, so viele Geräusche wie möglich zu unterscheiden (im Raum und außerhalb). Sie verschieben dann ihre Aufmerksamkeit zu ihrem Tastsinn, ihrer Haut: Sie nehmen wahr, wie sich die Kleidung anfühlt, die Luft, ihre Haare. Sie nehmen wahr, welche Körperteile kalt und welche warm sind.
Dann verschieben sie ihre Aufmerksamkeit zu ihrem Geruchssinn: Sie versuchen, etwas zu riechen. Falls sie etwas riechen, können sie sich fragen, ob sie der Geruch an etwas erinnert. Wenn ja, dann können sie diese Erinnerung möglichst deutlich auferstehen lassen. (Diese Passage ist für das affektive Gedächtnis bedeutsam ▸ Wiederholbarkeit, S.

71) Dann kehren die Schauspieler zu ihrem Körper und ihrem Atem zurück. Sie versuchen, sich noch mehr zu entspannen und versuchen dann, den Zustand des Entspanntseins abzuspeichern, so dass ein schnelles Zurückkehren in diesen Zustand möglich erscheint. Diese Übung ist für Kinder und Erwachsene geeignet. Jugendliche finden diese Übung manchmal unangenehm.

➳*Beispielübung 24: Vollatmung: Bauch, Brust, Schlüsselbeine, Kopf*
Alle liegen auf dem Boden. Jeder für sich atmet nacheinander mit jeweils einem Atemzug durch den Kopf, unter die Schlüsselbeine, in den Brustraum und in den Bauch. Nun versucht jeder, alle vier Bereiche nacheinander innerhalb eines Atemzuges anzusprechen.

➳*Beispielübung 25: Tiere raten*
Jeweils ein Spieler spielt ein Tier. Die anderen Spieler raten nach einiger Zeit, welches Tier gemeint ist. Das Spiel ist ein gutes Schauspieltraining; Tiere in ihrer Vielfalt eröffnen ein unerschöpfliches Spektrum an Bewegungsqualitäten. Diese Übung ist für Kinder und Erwachsene gut geeignet. Das Vorspielen eignet sich auch für Spieler mit verminderter Sprachbeherrschung.

➳*Beispielübung 26: Drei Geräusche, die man noch nie gemacht hat, wiederholbar machen*
Alle Spieler arbeiten allein, möglichst außer Hörweite der anderen. Jeder probiert seine Stimme aus und versucht drei Stimmgeräusche zu erzeugen, die er von seiner Stimme noch nicht kennt. Diese Geräusche werden dann vor der Gruppe präsentiert. Diese Übung ist – wie viele Stimmübungen – oft stark mit Schamgefühlen verbunden. Kinder haben mit ihr die geringsten Probleme. Jugendliche sind oft nicht in der Lage, diese Übung durchzuführen.

➵*Beispielübung 27: Alltägliche Handlung mit verschiedenen inneren Haltungen*

Ein Spieler entwickelt eine wiederholbare Handlung mit einem Requisit. Die anderen Spieler schauen zu. Diese entwickelte Handlung führt er dann mit verschiedenen inneren Haltungen aus (z. B. wartend, ungeduldig oder aufgeregt).

➵*Beispielübung 28: 9-Punkte-Spiel*

Zwei Spieler stehen auf der Spielfläche (Bühne), die anderen Spieler schauen zu. Auf der Spielfläche sind (mit Kreide) 9 Punkte eingezeichnet: Einer in der Mitte, vier in den Ecken und vier jeweils genau in der Mitte zwischen den Eckpunkten. Die Spieler »ziehen« wie beim Schach abwechselnd: Sie suchen sich einen Punkt aus und gehen dort hin. Beide Spieler können auch gemeinsam auf einem Punkt stehen. Wichtig ist, dass sie sich gegenseitig intensiv wahrnehmen; sie müssen sich dazu nicht ansehen. Die Zuschauer sind außerhalb des Spiels (»vierte Wand«), das heißt, die Spieler spielen miteinander, so als wären sie allein. Diese Übung erschließt ihre Wirkung nicht sofort. Bei tieferem Eindringen entdeckt man Möglichkeiten, die der Rhythmus bietet und wie man durch ihn Spannung erzeugen kann. Meist erleben die Zuschauer die Wirkung intensiver als die Spieler selbst. Deshalb ist diese Übung – je nach Theatererfahrung – eher für Jugendliche und Erwachsene geeignet.

➵*Beispielübung 29: Einen Raum erschaffen*

Ein Spieler betritt den Spielraum (Bühne). Die anderen Spieler schauen zu. Der Spieler erschafft durch seine Handlungen einen bestimmten Raum (z. B. unter Wasser, auf dem Feld im Sturm, im Büro, an der Haltestelle).

➵*Beispielübung 30: Szene nach einer Vorgabe*

Eine kleine Gruppe von Spielern (2 – 4) bekommt eine Vorgabe für eine Szene. Sie sollen zum Beispiel eine Szene entwickeln, in der an einem bestimmten Ort bestimmte Figuren aufeinandertreffen und sich zwischen ihnen ein bestimmter Konflikt entwickelt. Sie haben dafür 3 Minuten Zeit. Die anderen Spieler können parallel dazu an anderen Szenen arbeiten. (Die Zeitbegrenzung von 3 Minuten soll dafür sorgen, dass die Szenen spielend entwickelt und nicht ausgedacht werden.)

➵*Beispielübung 31: Text rechtfertigen »Psst ...«*

Jeweils zwei Spieler bekommen einen Text, der relativ wenige Hinweise auf die Situation enthält. Die Spieler müssen daher die Situation erfinden. Folgender Text ist dafür zum Beispiel geeignet:

A: Scheiße.

B: Psst.

A: Ja.

B: Psst.

A: Das kann doch nicht wahr sein.

B: Was machen wir denn jetzt?

A: Das kommt von deinem verdammten ...

B: Psst. – Lass uns lieber nachdenken.

A: So eine Scheiße.

➵*Beispielübung 32: »Ha«-Kreis*

Alle Spieler stehen im Kreis. Sie nehmen einen gemeinsamen Rhythmus auf, in dem sie von einem Bein auf das andere wippen. Alle zählen stumm (im Kopf) rückwärts von 7 bis 1. Bei der 0 strecken alle die Hände nach vorn und rufen »Ha«. Jetzt zählen alle von 6 bis 1 und rufen bei der 0 ein »Ha«, dann von 5 bis 1 und so weiter bis zur 1. Dann zählen alle von der 2 bis zur 1, dann von der 3 bis zur 1 und so weiter bis man wieder von der 7 bis zur 1 abwärts zählt. Beim letzten »Ha« bleiben alle stehen. Es ist günstig vorher die Übung einmal mit lautem Zählen durchzuführen, damit allen klar wird, wie gezählt wird. Geeignet ist die Übung für alle, die zählen können.

➵Beispielübung 33: Lücken füllen
Es spielen jeweils zwei Spieler miteinander. Spieler 1 bringt seinen Körper in eine (ungewöhnliche) Körperhaltung. Spieler 2 versucht, mit seinem Körper die leeren Räume von Spieler 1 auszufüllen, ohne ihn zu berühren. Steht Spieler 1 zum Beispiel aufrecht, dann könnte sich Spieler 2 mit gegrätschten Beinen vorbeugen und einen Arm rechts und einen Arm links am Körper von Spieler 1 vorbei vorstrecken. Nun löst sich Spieler 1 aus seiner Haltung und versucht wiederum, die leeren Räume von Spieler 2 auszufüllen. Er könnte sich in diesem Fall zum Beispiel zwischen die Beine von Spieler 2 legen.

➵Beispielübung 34: »…, sagte er, und …«
Für diese Übung braucht man vier Spieler. Die anderen schauen zu. Spieler A und C stehen auf der Spielfläche. Sie können zwar sprechen, ihre körperlichen Handlungen werden aber durch die Spieler B und D vorgegeben, die sich außerhalb der Spielfläche befinden. Die Übung läuft folgendermaßen ab: Spieler A sagt einen Satz. Spieler B sagt: »…, sagte er, und …«. Dann fügt er eine Handlung hinzu. Er sagt also z. B.: »…, sagte er, und setzte sich auf den Boden«. Dann ist Spieler C dran: Er reagiert auf Spieler A und sagt zum Beispiel: »Sei nicht sauer«. Spieler D sagt daraufhin zum Beispiel: »…, sagte er, und berührte ihn an der Schulter.« Jetzt ist Spieler A wieder dran. Er reagiert auf Spieler C und sagt z. B.: »Ich bin nicht sauer.« Dann ist Spieler B dran und gibt mit dem Satz »…, sagte er, und …« für A eine andere Handlung vor. Dieses Spiel muss man etwas üben, um in einen Spielfluss zu kommen.

➼Beispielübung 35: Auswertungsgespräch

Nachdem die zuschauenden Spieler eine Szene gesehen haben, wird diese Szene mit folgenden Fragen gemeinsam ausgewertet:

1. Was habt ihr gesehen?
2. Was hat euch gefallen?
3. Was für Tipps habt ihr?

➼Beispielübung 36: Vergrößern im Kreis

Alle Spieler stehen im Kreis. Ein Spieler beginnt mit einer kleinen Handlung. Noch mehr kann man lernen, wenn die Handlung von einem Geräusch begleitet wird. Er könnte zum Beispiel die Hände zur Seite führen und »Hä?« sagen. Der nächste Spieler vergrößert diese Handlung. Er macht sie intensiver, ausladender oder lauter. Der nächste Spieler vergrößert noch mehr. Es sollte immer nur ein kleines bisschen vergrößert werden, so dass der jeweils nächste Spieler auch noch vergrößern kann. Der letzte Spieler im Kreis sollte dann maximal vergrößern. Dieser beginnt dann auch mit einer neuen kleinen Handlung.

➼Beispielübung 37: Artikulationsübungen für Lippen, Unterkiefer und Zunge

- Lippen: Zähne zusammenbeißen und die Lippen kreisen lassen - Unterkiefer: Zunge zwischen die unteren Zähne ablegen und entspannen. Unterkiefer öffnen und schließen. Langsam und weit öffnen. Dann schnell. - Zunge: mit der Zunge die Zähne zählen, innen und außen an den Zahnreihen

Literaturverzeichnis

[1] Boal, Augusto: Theater der Unterdrückten. Übungen und Spiele für Schauspieler und Nicht-Schauspieler. Frankfurt am Main 1979 und 1989.

[2] Johnstone, Keith: Improvisation und Theater. Berlin 1993.

[3] Luserke, Martin: Shakespeare-Aufführungen als Bewegungsspiele. Stuttgart, Heilbronn 1921.

[4] Weintz, Jürgen: Theaterpädagogik und Schauspielkunst. Ästhetische und psychosoziale Erfahrung durch Rollenarbeit. Butzbach-Griedel 1998.

[5] Staatsinstitut für Schulpädagogik und Bildungsforschung München (Hrsg.): Lebendiges Schultheater. Grundlagen – Projekte – Hinweise. Handreichung zum Grundkurs Dramatisches Gestalten. Donauwörth 1995.

[6] Anderson, Marianne Miami: Theatersport und Improtheater. Planegg 1996.

[7] Craig, Edward Gordon: Der schauspieler und die über-marionette. In: Ders.: Über die Kunst des Theaters. Berlin 1969, S. 51–73.

[8] Brook, Peter: Der leere Raum. Berlin 2000.

[9] Stanislawskij, Konstantin S.: Die Arbeit des Schauspielers an der Rolle. Berlin 1996.

[10] Callery, Dymphna: Through the Body. London 2001. Übersetzung: Jenny Seibicke. Originalzitat: »At its simplest, physical-theatre is theatre where the primary means of creation occurs through the body rather than through the mind. In other words, the somatic impulse is privileged over the cerebral in the making process. This is true whether the product is an original devised piece or an interpretation of a scripted text. This does not mean that the intellectual demands of the idea or script are jettisoned. The intellectual is grasped through the physical engagement of the body because, as Lecoq puts it, ›the body knows things about which the mind is ignorant‹.«

[11] Pikes, Noah: Dark Voices: The Genesis of Roy Hart Theatre. USA 1999.

[12] Stanislawskij, Konstantin S.: Die Arbeit des Schauspielers an sich selbst. Teil I: Die Arbeit an sich selbst im schöpferischen Prozeß des Erlebens. Berlin (West) 1983.

[13] Stanislawskij, Konstantin S.: Die Arbeit des Schauspielers an sich selbst. Teil II: Die Arbeit an sich selbst im schöpferischen Prozeß des Verkörperns, Berlin (West) 1983.

[14] Brauneck, Manfred: Theater im 20. Jahrhundert. Programmschriften, Stilperioden, Reformmodelle. Reinbek 1986.

[15] Johnstone, Keith: Theaterspiele: Spontaneität, Improvisation und Theatersport. Berlin 2011.

[16] Frey, Heidi: Jeux Dramatiques: Ausdrucksspiel aus dem Erleben. Gümligen 1984. Heidi Frey beschreibt mit Jeux Dramatiques eine Methode, bei der Kinder für sich selbst – ohne Publikum – darstellend spielen.

[17] Ebert, Gerhard: Improvisation und Schauspielkunst. Über die Kreativität des Schauspielers. Berlin 1979.

[18] Ein canavaccio war eine knappe Beschreibung, mit der Szenen und Szenenfolgen festgelegt wurden. Es diente als Anhaltspunkt für Improvisationen, die wesentlicher Teil von Aufführungen der Commedia dell'Arte waren.

[19] Bont, Ad de: Versammlung um die Braut. In: Roel, Adam; Bont, Ad de; Lohuizen, Suzanne van; Mol, Pauline; Verburg, Heleen: Kindertheater aus den Niederlanden. Sechs Theaterstücke für Kinder. Frankfurt am Main 1992.

[20] Shakespeare, William: Othello, der Mohr von Venedig. Ein Trauerspiel. Stuttgart 1995.

[21] Altman, Robert (Regie): Short Cuts. USA 1993.

Thepakos^{+}

Interdisziplinäre Zeitschrift für Theater und Theaterpädagogik

Seit August 2006 erscheint *Thepakos^{+}. Interdisziplinäre Zeitschrift für Theater und Theaterpädagogik* 3 mal jährlich und versucht hierbei neue Wege zu gehen. Sie belässt es nicht nur bei einer rein wissenschaftlich-theoretischen Auseinandersetzung, sondern weitet ihre Ideenschau – dem Wesen des Faches nach – auf ästhetische und praktische Bereiche aus. In der Kombination von Theorie, Praxis und Ästhetik sowie einer interdisziplinären, bunten Ausrichtung liegt der wesentliche Anspruch der Zeitschrift. Thepakos erscheint 3 x jährlich jeweils im Dezember/Januar, April/Mai und August/-September usw.

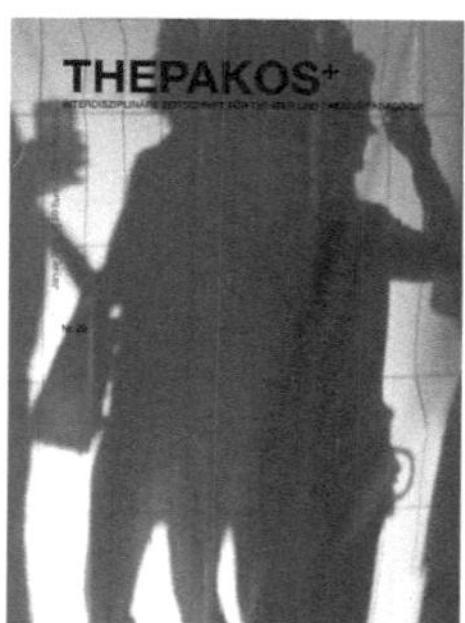

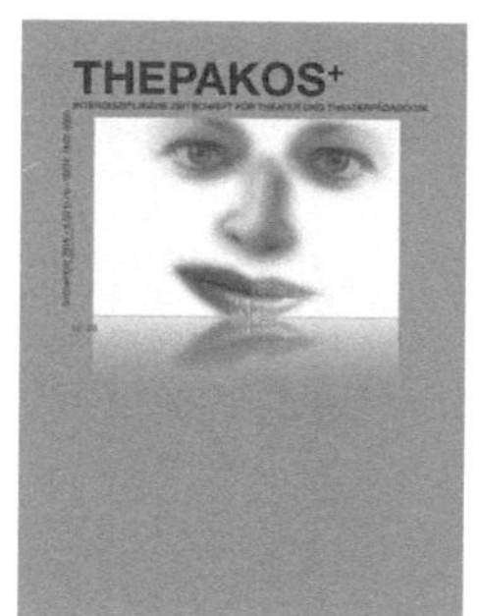

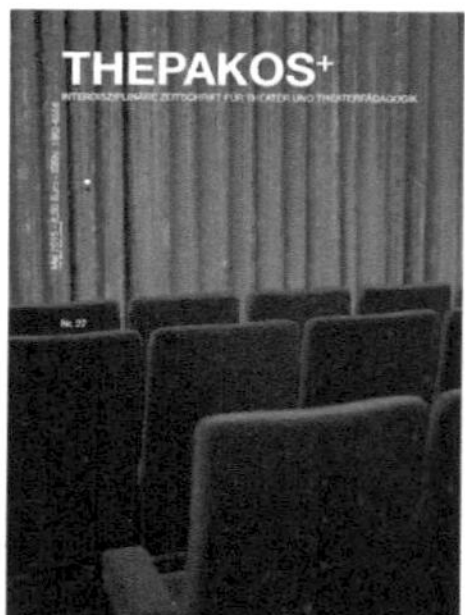

Nähere Informationen, Bücher und Bestellmöglichkeiten finden Sie unter www.oldib-verlag.de oder schreiben Sie einfach an: info@oldib-verlag.de